KB115725

너희들의 서비스
VS
우리들의 서비스

고통의 낭비 없이 이루는 고객 만족

너희들의 서비스 vs 우리들의 서비스

초판 1쇄 인쇄   2010년 11월 05일
초판 1쇄 발행   2010년 11월 10일

지은이 | 최찬훈
펴낸이 | 손형국
펴낸곳 | (주)에세이퍼블리싱
출판등록 | 2004.12.1(제315-2008-022호)
주소 | 서울특별시 강서구 방화3동 316-3 한국계량계측회관 102호
홈페이지 | www.book.co.kr
전화번호 | (02)3159-9638~40
팩스 | (02)3159-9637

ISBN 978-89-6023-470-3   03330

고통의 낭비 없이 이루는 고객 만족

너희들의 서비스
vs
우리들의 서비스

최찬훈 지음

ESSAY

머리말 - 이 책의 장점

책을 산 후 우리가 취하는 행동은 두 가지다.

1. 읽는다.
2. **읽지 않고 집어 던진다. 왜 샀는지 후회한다.**

과연 이 책을 샀을 때 2번과 같은 상황이 벌어질 수 있을 까? 책의 내용에 자신이 있는 나는, 그럴 가능성이 지극히 낮다고 보고 있다. 그러나 만에 하나 내용이 마음에 들지 않는 분들도 있을 수 있기에, 그런 분들을 위한 책의 활용법도 함께 알려드리고자 한다. 이른바 읽지 않아도 책을 써먹을 수 있는 방법이다.

우리는 흔히 "책은 읽기 위해 존재하는 것"이라고 생각하지만 꼭 그렇지만은 않다. 학교 다닐 때 어떤 선생님 한 분이 계셨는데, 수업에 들어올 때마다 조정래의 『아리랑』을 들고 오셨다. 그런데 1년 동안 수업 듣는 내내 들고 왔던 것은 오로지 『아리랑』 1권이었다. 그분에게 『아리랑』은 읽기 위한 것이 아니라 **들고 다니기 위한 물건**이었던 것이다.

요컨대 책이 귀걸이나 액자처럼 장식용으로도 쓰일 수 있다는 얘긴데, 이 글을 읽고 있는 사람들은 이렇게 반박을 하고 싶어질 것이다. "아니, 네놈이 조정래 같은 인기 작가도 아닌데 네 책이 무슨 장식용의 효과가 있겠는가?"

그 말도 꽤 일리가 있긴 하나, 사실 그건 하나만 알고 둘은 모르는 지적이다. 무턱대고 나를 욕하기에 앞서, 만약 당신이 서비스업 종사자라면 일단 이 책을 사서 책상 위에 비치해두자. 그러면 당신의 직장 동료들이 왔다 갔다 하며 목격할 것이고, 그때마다 '야, 저 친구는 그래도 자기 직무에 관련된 책도 사고……. 나름 고민을 하는 사람이구만.'이라는 생각을 하게 될 것이다. 또, 당신이 서비스 조직을 이끄는 관리자라면 이런 책을 책장에 꽂아두는 것만으로도 고리타분하지 않은, 혁신적인 성향의 이미지를 줄 수 있다. 이런 효과만으로도 책값에 투자한 본전은 충분히 뽑고도 남음이 있을 것이다.

이 책의 개요

사실 앞에 쓴 내용은 그냥 한번 웃겨보려고 한 것이니 너무 신경 쓰지 말기를 바란다.

내가 이 책을 쓰긴 했지만 사실 우리나라에 서비스 관련 서적은 무수히 많다. 하지만 그 널리고 널린 CS 교육 콘텐츠들과 이 책의 다른 점을 서술하자면 대략 이렇다.

1. **표면적인 '응대 서비스' 이면의 근본적인 사항에 대한 이야기**
2. **차별화된 서비스를 해낼 수 있는 색다른 관점**
3. **서비스 담당 직원을 자발적으로 분발시키는 방법**
4. **외면당해 온 진정한 서비스 마인드와 고객 심리에 대한 이야기**

이러한 내용과 아울러 '서비스 직원 중심의 관점'을 많이 포함하고 있다는 것이 이 책의 차별화된 특징이라 하겠다.

서비스 교육을 담당하는 많은 사람이 저지르는 가장 큰 잘못은 최일선 종사자들을 **지도해야 할 대상**으로 인식한다는 점이다. 즉, 그들을 아래로 굽어보고 있다는 것이다.

대부분의 CS 강의를 보면 자신의 돈을 들여 배운 교과서 내용만 신봉하는 이론가, '고객 만족'이라는 구호를 앵무새처럼 외치기만 하는 경영자, 이미지가 전부라고 착각하는 3류 강사들이 주류를 이룬다. 그러나 그들이 반드시 현재 고객과 함께 호흡하며 움직이는 최일선 종사자들보다 더 뛰어나다고 볼 수 있을지는 의문이다.

물론 CS 강의를 하시는 분들 중에는 인간에 대한 깊은 성찰을 토대로 충실한 조언을 해주는 분들도 있긴 하지만, 그런 경우는 정말 소수이고 그런 내용을 다룬 책은 더더욱 부족한 것이 현실이다. 무엇보다 최일선에서 서비스를 했던 사람으로서, 편안한 자리에 앉아 마치 사이비 종교인이 교리를 외우듯 말로만 '고객 만족'을 외쳐대는 이들을 보는 건 정말이지 괴로운 일이었다. 나는 적어도 폼만 잡는 그들보다 훨씬 유의미한 현장의 생각, 현장의 감정을 한번 정리해보고 싶었다. 실제로 일선에서 고객응대 업무를 담당하는 사람이라면 누구나 한 번쯤은 가당찮게 폼 잡는 자칭 전문가들 때문에 허탈해했던 경험이 있었을 것이다. 이 책이 그런 분들께 약간이나마 통쾌함을 안겨줄 수도 있다면 더 바랄 게 없을 것 같다.

근본적인 문제를 외면하지 않는 내용, 기존과는 다른 스타일의 해법

이 책이 갖고 있는 또 다른 좋은 점은, 많은 이들이 은근슬쩍 외면해 온 근본적인 문제를 다루고 있다는 것이다. 근본적이고 구조적인 부분은 주로 전반부에 서술했고, 대부분의 서비스 교육이 다루고 있는 '서비스 마인드'에 대한 부분은 후반부에 적어놓았다.

책의 순서를 이렇게 한 것은 표피적인 테크닉에만 치중해온 기존의 CS 교육들에 대한 나 나름의 반발이다. 구조적인 모순만 해결된다면 매너니 예절이니 하는 자잘한 테크닉은 큰 문제가 되지 않는다. 나는 근본 원인을 뚫고 들어가지 못한 채 엉뚱한 곳만 핥아대는 모든 부류의 교육을 경멸한다.

물론 이 책의 3장 이후부터는 다른 CS 강사들이 다루는 마인드나 테크닉과 관련된 내용이 많이 기술되어 있다. 하지만 다른 강사들도 떠들어댈 만한 내용은 최대한 빼려고 노력하였으며, 독자분이 실제 현장에서 고객과 함께 호흡하고 있는 분이라면 상당히 유용한 내용이 되리라 생각한다. 따라서 다른 CS 교육과 유사한 마인드나 테크닉적인 내용을 원한다면 3장부터 읽으시기를 권유 드린다.

새로운 시대의 서비스 고려 요소

이젠 시대도 많이 바뀌어 기존 CS 교육이 강조해 온 상냥한 태도, 웃는 얼굴 등의 뻔한 무기만으로는 더 이상 경쟁력 있는 서비스를 할 수 없다. 그런 것은 어느 회사나 다 할 수 있기 때문이다. 이제는 겉껍질 매너보다 한 차원 더 높은 무언가 다른 서비스 무기가 필요한 시기이고, 그 해법은 제도와 구조 그리고 인간의 복잡한 마음에서 찾아 나가야 한다.

이 세상에는 애절한 현장 서비스를 겪어보지도 못한 채, 제 잘난 맛에 심취하여 너무나 쉽게 '고객 만족'을 떠들어 대는 사람이 많다. 그리고 현장을 느껴보지 않은 사람일수록 너무나 **쉽게 고객 만족을 위한 희생을 강조**하곤 한다. 나는 그들의 오만하고 단순한 시선이 너무나도 아쉽고, 그런 자들 밑에서 고생하는 많은 서비스 종사자들이 너무나 안타깝다.

이 세상에서 존중받을 가치가 없는 사람은 없다.
서비스 직원 역시 한 사람의 인간이다.

진정으로 강력한 서비스 기업을 만들려면 이러한 명제에서부터 고민을 시작해 나가야 할 것이다. '내부 고객 만족'이라는 말은 이젠 개나 소나 떠들어대는 얘기가 되었지만, 직원들의 진정한 필요를 충족시켜주지 못한 채 엉뚱한 헛물만 켜는 것이 대부분 기업의 현실이다. 엄청난 비즈니스적 역할을 수행하고 있으면서도 **존중의 사각지대**에서 괴로워하는 이 나라의 수많은 일선 서비스 종사자들. 나는 그들이 조금이라도 덜 고통스럽게, 좀 더 효과적으로 업무에 임할 수 있는 방법을 이야기하고 싶다. 이제 비즈니스를 구성하는 요소는 '기업-고객'이 아니라 '기업-직원-고객'이다.

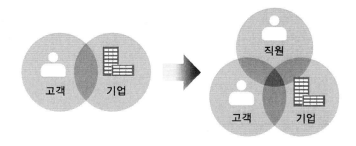

인간을 관리한다는 관점

가끔 기업을 위해 인간을 '관리'해야 한다는 가치를 지닌 사람들을 만나게 된다. 그러나 **기업을 위해 인간을 관리해나가는 것이 아니라, 인간을 중심에 놓고 기업을 그에 맞춰 나가는 것**이 당연히 더 효과적이다. 진짜 중요한 게 뭔지도 모른 채, 스스로 똑똑하다는 자의식만 가득한 일부 얼치기 이론쟁이들은 너무나 손쉽게 인간의 가치를 '관리'의 아래로 끌어 내리고 있다.

생각의 시발점을 인간에 두는 자세, 조직이나 이윤에서부터 시작하는 게 아니라 **인간에서부터 생각을 시작**하는 자세가 필요하다. 이 책에 대한 의견은 이메일(replacebo@daum.net)로 보내주시면 고맙겠다.

차 례

제1장

서비스 향상을
가로막는
내부의 적(敵)

이야기를 하기에 앞서

다양한 서비스 분야들

기존의 CS 교육 하면 먼저 떠오르는 매너, 예절, 태도 등의 단어들은 말하자면 외적인 서비스 요소라 할 수 있다. 어떤 분야든 마찬가지겠지만, 외적인 요소와 함께 내적인 요소도 필요하고, 한 걸음 더 나아가 생각해보면 사람의 기술력이 판가름하는 부분과 환경 요소가 결정하는 분야로도 나눠볼 수 있다. 그러나 기존의 3류 CS 교육들은 이 중에서 오직 외적인 서비스 요소에만 천착하고 있었다.

그런데 그 외적 서비스의 내용조차 너무나 빤한 얘기들이어서, 마치 동네 훈장선생이 읽어주는 공자님 말씀 같은 경우가 많았다. 고객 중심으로 사고해라, 진정성을 가져라, 고객의 입장에 서보아라, 늘 웃는 표정을 지어라 등등. 그야말로 중학생도 할 수 있는 얘기들로만 채워진 책들과 강연만이 봇물을 이루고 있는 게 지금의 현실이다.

단순한 3류 CS 교육의 위험성

3류 강사들이 CS 교육을 한답시고 한껏 치장하고 나타나서 빤한 훈계만 내뱉는 그 모습에 1차적으로는 짜증이란 감정을 겪게 되지만, 사실 짜증보다 더 위험한 것은 따로 있다.

그런 뻔한 3류 강의들의 위험성이란, 은근슬쩍 고객의 만족과 불만이 서비스 직원의 태도로만 결정된다는 뉘앙스를 풍긴다는 점이다. 마치 고객의 모든 불만이 응대 직원들이 친절하지 못해서, 종업원들이 고객 중심으로 생각할 줄 모르는 무식한 사람이어서 발생한다는 느낌을 주고 있다. 특히 조직 내의 강압적인 지시 패턴과 3류 CS 강의가 짝짜꿍이 될 때에는 한층 그런 뉘앙스가 강해진다.

훈계는 교육이 아니다

많은 3류 CS 교육이 고객에 대한 진정성, 사랑, 헌신, 이해 등 중학교 도덕수업 수준의 단어들로 채워지고 있는데, 정확히 말하면 그런 훈계는 교육이라고 볼 수 없다. 훈계는 교육이라기보다는 잘난 척을 하기 위한 쇼에 가깝다. 진짜로 타인에게 진정성, 사랑, 헌신, 이해를 보이는 사람이라면 절대로 일방적 감정을 훈계하지 않는 법이다.

기업 내에서도 보면 감정에 대한 훈계를 즐기는 관리자들일수록 구성원들에게 외면을 받게 된다. 그건 지극히 당연한 결과로, 사람을 이끄는 힘과 훈계의 양은 정확히 반비례하는 것이다.

훈계를 통해 인간의 마음을 뜯어 고치겠다는 발상 자체가 얼마나 우스운가? 인간의 감정은 훈계 따위로 주입될 수 있는 게 아니다.

진정으로 기업과 우리에게 필요한 교육은 훈계가 아니라 핵심을 피하지 않는 정확한 관점과 올바른 개선안의 제시여야 한다. 최근 들어 기업 내에서의 올바른 코칭 스킬에 대한 콘텐츠가 많아지고 있는데, 내가 생각하는 올바른 비즈니스 코칭이란 다음과 같다.

1. **훈계조로 흐르는 것을 경계한다.**
2. **코칭 받는 사람의 존재를 존중한다.**
3. **핵심 파악과 개선안 제시에 주력한다.**

이것에만 집중하면 훌륭한 코칭은 저절로 이루어진다. 문제는 대부분 기업에서는 교육, 코칭을 빙자한 질 낮은 훈계만이 남발되고 있다는 점이다. 제대로 된 코칭을 고민하지 않는, 사람들이 타인을 지도해대는 모양새를 보면 안타까움을 넘어 분노가 솟구친다. 그리고 CS 교육 분야에는 그런 모양새가 넘치고 넘쳐, 아수라장의 형태를 띤다.

물론 살벌한 생존 경쟁에서 살아남기 위해 애쓰는 전문 CS 강사들의 경우는 좀 괜찮은 교육을 펼치는 분들도 있지만, 그냥 일시적인 기분전환에 불과한 교육을 하는 강사도 많다. 이미지 강사들이 주로 하는 예의 매너 교육은 한두 번으로 충분하며, 그런 것 말고도 우리가 해야 할 이야기는 너무나 많다. 보다 핵심적인 다른 이야기 말이다.

중요성을 느낀다면, 최대한 다양한 관점을 수용해야

그런 의미에서 앞으로 이 책에서 펼칠 내 이야기는 관점이 약간 특이하다고도 볼 수 있다. 그러나 어떤 사안에 대해 중요하다고 느낀다면, 그에 대한 다양한 관점을 두루 살펴보는 것은 필수적이다.

다양한 관점을 접하지 않고 좁은 틀 안에 스스로를 가둔다면 잠깐 동안 자존심을 지킬 수는 있겠지만, 장기적으로는 언젠가 프라이드가 무너지는 날을 맞이하게 된다.

이미 CS 교육에 몸담고 있는 사람이고 내 의견이 100% 마음에 안 든다 할지라도 읽어두면 나중에 더 큰 자존심을 지키는 데 도움을 얻을 수 있을 것이다. 그 정도는 장담할 수 있다.

서비스 향상을 가로막는 내부의 적은 2가지

이 책의 1장에서는 우선 서비스 향상을 가로막는 내부의 적에 대한 이야기로 시작한다. 나는 서비스를 후퇴시키는 기업 내부의 적을 크게 2가지로 보고 있다.

1. **현장 직원의 가치를 경시하는 풍조(제도, 환경, 교육)**
2. **고객과 현장의 목소리를 왜곡하는 조직의 병폐**

이 2가지 적에 대한 이야기부터 이제 시작해볼까 한다.

응대 서비스는
작은 일부에 불과하다

고객 만족의 개별적 의미

'고객 만족'이라는 용어는 업종과 기업의 스타일에 따라 천차만별로 정의될 수 있을 것이다. 예를 들면 호텔이나 컴퓨터회사에서 정의하는 고객 만족은 크게 다를 것인데, 고객 만족을 어떻게 분류하고 정의하느냐에 따라 기업의 사업 방향이 결정된다.

그 과정에서 이론쟁이들이 떠드는 말대로만 고객 만족을 정의하다가는 큰코다치게 된다. 실제로 고객들이 원하는 것은 교과서보다 훨씬 노골적이며, 이론보다 훨씬 생리적이다. 따라서 학교에서 어떻게 배웠건 일단 최일선의 환경을 생리적으로 체감해본 후에 고객 만족을 정의해 가야만 한다.

고객 만족의 5가지 분류

대체 고객은 어떻게 해줘야 만족이라는 것을 하게 될까? 나는 고객의 만족감이라는 것은 크게 아래와 같이 5가지 부류로 나누어볼 수 있다고 생각한다.

1. 유용함
2. 편리함
3. 감각의 만족
4. ego의 충족
5. 경제적 이익

　고객에게 이 5가지 요소를 제공해주면 고객은 만족하는 것이고, 제공하지 못하면 회사가 망한다. 같은 맥락에서 고객을 불만스럽게 하는 요소도 뽑아볼 수 있다. 위의 5가지 만족의 요소를 정반대로 뒤집어보면 된다.

1. 낮은 효용성
2. 불편함(번거로움)
3. 감각적 불쾌
4. ego 불충족
5. 경제적 손해

　이 5가지 요소가 있으면 고객은 화를 폭발시키게 되는 것이다. 흔히 서비스에 대한 이야기를 할 때 직접 고객을 응대하는 상황만을 주로 생각하지만, 사실 이 요소들은 고객과 만나기 훨씬 이전에 상당 부분 결정되어버리는 사항이다. 서비스 성공 여부는 고객과 만나기 전에 이미 대부분 승부가 나는 것이다.

기업의 모든 업무는 접촉 서비스에 영향을 미친다

우리가 흔히 '서비스'라고 부르는 접촉 고객 응대를 아무리 잘해도, 위 5가지 만족/불만 요소가 사전에 구비되거나 제거되지 않으면 고객은 달아난다. 이런 것이 없는 상태에서는 허구한 날 서비스 교육을 시켜봐야 아무 의미가 없다.

이러한 명백한 사실과 함께 또 한 가지 잊어서는 안 되는 것은 고객과 접촉하지 않는 업무 영역이 접촉 고객 응대에 막대한 영향을 끼친다는 점이다.

이게 무슨 얘기인가? 예를 들면 이런 것이다 고객과 만나지 않는 주방 요리사가 실수로 음식에 바퀴벌레를 섞어 고객에게 제공했다고 치자. 이는 말하자면 제조 과정에서 불량이 생긴 것인데, 이때 서빙 직원은 사태를 무마하기 위해 처절한 사투를 벌여야 한다. (요리사가 처리하는 게 아니라는 말이다.) 천신만고 끝에 해당 건이 무마되었다 할지라도 접촉 서비스를 하는 직원은 심신의 피로가 누적되어 그날 서비스의 질은 반드시 저하될 수밖에 없다.

결국 제조든 조직 관리든 기업이 하는 모든 업무는 접촉 서비스와 연결되어 있는 것이다. 흔히 CS라 하면 콜센터나 응대 업무 등만 생각하지만 고객이 느끼는 CS는 실상 그 기업이 가지고 있는 모든 요소가 복합되어 있다고 보면 된다.

축구 감독 홍명보는 "축구에서 실점을 했을 때 수비수들만의 잘못으로 보면 안 된다"는 말을 한 적이 있다. 기업에 있어서 응대 서비스 직원들은 말자하면 수비수의 역할이다. 공격수들이 수비 가담에 게으르다면, 몇 안 되는 수비수들만 상대를 막기 위해 죽어라 생

고생을 할 수밖에 없다. 그러다 중과부적으로 골을 허용하게 되면 욕이란 욕은 다 듣게 된다.

마찬가지로 기업에서 이루어지는 모든 일들이 응대 서비스 직원들의 업무 상황을 결정해버린다. 과연 당신이 몸담고 있는 기업의 공격수들은 수비에 신경 쓰고 있는가, 아니면 수비에는 관심 없이 화려한 골 세리모니에만 정신이 팔려 있는가. 진짜 명감독은 후자 같은 공격수를 극도로 싫어하는 법이다.

중요한 것은 요소의 개수, 강도 그리고 환경

3류 CS 교육이 허구한 날 직원들의 자세나 태도를 문제 삼는 것과는 달리 실제 서비스에 있어 정말 중요한 것은 다음과 같다.

1. **고객 만족 요소의 개수가 얼마나 많은가?**
   그리고 각각은 얼마나 강력한가?
2. **고객 불만 요소의 개수가 얼마나 적은가?**
   그리고 각각은 얼마나 약한가?
3. **고객 비접촉 파트의 업무 수행 상태**

이러한 기본 전제조건이 제대로 충족되지 않는 한, 고객에게 웃는 얼굴을 백날 들이밀어 봐야 경쟁에서 이길 수 없다. 따라서 서비스 관리자들은 "서비스 마인드를 더 강화하세요. 고객을 더 사랑하세요."라고 떠들어대기 전에 보다 전반적인 사항에 대해 고민을 시작해야 한다.

관리자의 효과적 고민을 통해 고객 만족 요소가 늘어나고 불만 요소가 줄어들면, 서비스 직원들의 부담이 경감되어 접촉 서비스의 질도 자연히 올라가게 된다. 반면에 근본적인 부분에 대한 **정리가 없을** 경우, 그 뒤처리에 대한 부담으로 인해 서비스 직원들의 응대 환경이 열악해져 서비스 질은 더욱 떨어진다. 그런 악순환은 특히 무능한 관리자가 이끄는 조직에서 자주 볼 수 있는데, 그럴 때마다 무능한 관리자는 근본 문제를 고민하기보다 직원들의 서비스 정신 무장만 강요하는 한심한 행태를 보이곤 한다. 이것이 바로 멍청한 조직에서 벌어지는 전형적인 **서비스 악순환**이다.

정신자세론 훈계 후에 남는 것은 치사한 자기만족뿐

각자 차이는 있겠지만, 인간이 심리적으로 감당할 수 있는 정신 적인 고통은 한계가 있다. 친절한 마음도 계속 악에 찬 불만에 짓밟 히다 보면 언젠가는 한계에 부닥칠 수밖에 없는 법. 따라서 관리자 들과 CS 강사들은 현장 종사자들에게 섣불리 성인(聖人)이 되라고 강요해선 안 된다. 특히 그 일을 현재 직접 몸으로 체험하고 있지 않은 제3자라면 더욱 조심해서 말해야 한다.

그러나 한편으로는 "어차피 서비스 직원들이야 그런 불만에 대 한 뒤처리를 하면서 월급을 받는 사람들이 아닌가? 떳떳하게 월급 을 받으려면 고생해야 하는 것은 당연한 것 아닌가?"라고 말하는 사람도 있을 것이다. 물론 그 자체야 맞는 말이지만, 그 말이 각종 불합리한 문제나 경영상의 고민부족을 은근슬쩍 덮어버리는 데 악 용된다면 상황은 계속 고약해져 간다. 그런 말을 남발하는 관리자들일수록 기업 내에서 발생하는 모든 문제를 직원의 나태한 정신자세로 귀결시켜버리며, 절대 경영 능력상의 부족함을 인정하려들지 않는다. 그런 라이프스타일이라면 신기루 같은 자존심을 지키며 살아갈 수는 있지만, 그게 전부이다.

겉으로는 굽실대는 것처럼 보여도 부하직원들은 모든 걸 훤히 간파하고 있다. 정신자세의 중요성을 떠들어대는 그 사람의 정신력이라는 게 사실 나와 별로 다를 게 없다는 사실을 말이다. 정신론이나 태도론을 훈계한 후에 남는 것은 떠벌이는 쪽의 치사한 자기만족뿐이며 비즈니스적으로 그 어떤 향상 효과도 얻을 수 없다.

물론, 사람이 누릴 수 있는 최고의 즐거움 중 하나가 타인 앞에서 폼 잡는 것이라는 점을 모르진 않는다. 그러나 진정 훌륭한 리더나 교육자일수록 그런 동물적 본능을 최대한 억누를 줄 아는 법이다. 고차원적인 머리를 쓸 줄 모르는 사람들이 훈계를 좋아하고, 폼 잡기만 즐기기 마련이다. 불필요하게 강요하는 정신론, 자세론은 직원들의 스트레스 강도만 높일 뿐, 그 외의 어떤 효과도 나타나지 않는다. 하물며 늘 평균 이상의 정신적 긴장에 시달리고 있는 서비스 직원들에겐 더더욱 그렇다.

뒤에서 언급하겠지만, 업무 행위와 유기적으로 밀착된 보상 방법을 구축하면 직원들의 정신력은 저절로 강해진다.

직원은 고객 만족의
도구가 아니다

한심한 CS 교육, 코칭과 함께 기업의 서비스 향상을 막는 또 다른 적은, 최일선에서 고객을 응대하는 서비스 직원들에 대한 그릇된 시선이다. 3류 CS 교육이나 잘못된 경영 관점에서 곧잘 최일선 직원들을 고객 만족을 방해하는 장애물로 치부해버리곤 한다. 그래서 그 장애물들(직원)을 제대로 컨트롤해야겠다는 마인드로 교육이나 관리법을 만들어대곤 하는 것이 흔히 보이는 나쁜 패턴이다. 물론 대놓고 그렇게 표현하는 것은 아니겠지만, 은연중에 나타나는 마음속의 의도를 감추기는 어렵다.

과연 최일선의 서비스 직원들은 언제라도 고객 만족을 저해할 수 있는 시한폭탄 같은 존재일까? 당연히 아니다. '그런 경우도 있다'고 생각할 필요조차 없다. 진짜 위험한 폭탄은 직원이 아니라, 서비스 직원들을 경시하는 그릇된 관점 안에 숨겨져 있다.

직원은 고객만족의 도구가 아니다

그렇다. 직원은 고객 만족의 파트너이다.

이런 관점은 얼핏 지나치게 이상적이고, 비효율적일 것 같아 보인다. 그러나 원래 인간은 무슨 일을 하건 주체성을 가질 때 더 의욕적으로 뛰는 법. 노예로 일할 때보다 파트너로 일할 때 더 열심히 일하게 되는 건 당연한 일이다. 서비스 직원들의 인격적·지위적 가치를 상승시키는 것은, 어떤 면에서도 실리적 손해를 일으킬 요소가 없다.

서비스 직원을 도구가 아닌 고객 만족의 동반자로 인정하라는 것은 결코 엄청난 요구사항이 아니다. 그 방법도 매우 간결하다. 단지 최일선 직원들의 관점을 서비스 경영에 더 많이, 더 주체적으로 반영해주면 된다.

서비스는 고객과 가장 가까이 위치한 사람의 눈으로 만들어 가야

당연한 이야기를 하나 하자면 어떤 일에 대해 가장 잘 아는 사람은 그 일과 제일 가까운 사람이다. 그리고 **현재** 그 일 속에 파묻혀 있는 사람이다. 따라서 기업에서 가장 중요하고 고객을 제일 잘 아는 사람은 역시 최일선 서비스 직원들이다. 그러나 그들의 의견은 쉽사리, 빠르게 경영에 반영되지 못하며, 뱅뱅 돌다가 이상하게 겉멋만 잔뜩 들어가 왜곡되고 만다. 그것이 대부분 기업의 현실이다.

최일선 직원들의 관점을 사업 운영에 신속히 반영할 수 있는 제도와 시스템을 구축하는 것. 고객을 진정으로 위한다면 당장 착수해야 할 작업은 바로 그것이다.

폄하당하는 일선의 목소리, 왜곡되는 VOC

그러나 많은 경우, 실제 고객과 부딪히고 있는 사람의 관점이 아니라 고객과 멀리 떨어진 사람들의 관점이 더 중용되곤 한다. 어떤 일에 대해 가장 잘 아는 사람은 가장 가까이 있는 사람일진대, 정작 경영에 반영되는 의견은 가장 멀리 떨어진 사람의 의견이 주로 선택되는 어이없는 모순이 발생한다. 이는 대기업이나 중소기업을 막론하고 흔히 목격할 수 있는 장면이다.

그러나 실제 피부로 느끼는 사람들을 배제한 채, 외부의 어설픈 이론쟁이나 오래전에 서비스를 관둔 3류 CS 강사들을 중시하게 되면, 자연스레 지향점이 현실과 엇박자를 내게 된다. 그러한 왜곡은 많은 기업이 사업에 실패하는 가장 주된 원인 중 하나다.

고객과 접촉하지 않는 사람들의 마음이 먼저 바뀌어야

기업에서 가장 중요한 것은 당연히 고객이며, 그렇게 중요한 고객과 늘 접촉하고 있는 사람이 바로 서비스 직원이다. 식당에서 음식을 나르는 점원, 콜센터 직원 등 너무나 중요한 고객들과 직접 부딪치고 있는 사람들이 바로 그들이다. 그들의 역할이 정말 너무나 중요하지 않은가? 그런데 당신의 회사에서는 과연 그 중요성에 걸맞은 인정을 해주고 있는지?

기업에 몸담고 있는 직원은 고객과 직접 접촉하는 사람과 그렇지 않은 사람으로 크게 나누어볼 수 있다. 괴이하게도 우리 사회에서는 고객과 거리가 많이 떨어진 사람들일수록 많은 존경과 돈을 받아간다. (다른 나라도 그런가? 안 살아봐서 잘 모르겠다.) 울분은 생기지만, 그런 부당함보다 더 큰 문제는 고객과 접촉하지 않는 사람들이 서비스 직원들을 지배하는 과정에서 보여주는 강압적이고 비협조적인 태도다.

정확히 말해 서비스 직원들이 겪는 대부분의 고통은 모두 비서비스 파트에서 만들어 낸다고 보아도 좋다. 형편없이 만들어진 불량품, 오배송, 지연, 엉망진창 사이트 등 이런 것들은 모두 비서비스 파트의 몫이다. 그런데 그로 인해 발생하는 고객의 모든 불만을 서비스 직원들이 대신 막아주고 있는 것이다. 이 얼마나 고마운 존재인가? 그런데 실제로는 고마워하기는커녕 오히려 천대하거나 부담을 가중시키는 일들이 비일비재하다.

직접적인 응대 서비스를 하지 않는 기업 내 모든 사람들도, 스스로 고객과 맞부딪친다는 마인드로 모든 일을 해나가야 한다. 그리고 비서비스 파트 쪽에서 서비스 파트에 더욱 협력해주어야 한다. '우리 쪽 일도 만만치 않게 힘들다. 일이 힘든 거야 서로 다 마찬가지인데 꼭 우리가 더 서비스 파트를 신경 써주어야 하는가?'라고 생각할 수도 있지만, 이는 도움을 준다는 개념과는 조금 다르다.

우선 서비스 직원들은 고객과 피부를 맞대고 있는 사람들이기에, 그들의 고충이 해소되면 고객에게 향하는 접촉 서비스의 질이 개선될 수밖에 없다. 또 서비스 직원들의 고충 중의 상당수는 고객 불편사항과 밀접하게 연관되어 있다. **서비스 직원들이 가장 고통스러워하는 클레임이 바로 최악의 고객 불만 포인트**라는 점도 상기해볼 필요가 있다. 그렇기에 동료를 위해서가 아니라, 고객을 위해서 서비스 직원들의 목소리를 경청할 필요가 있는 것이다.

서비스 직원들의 목소리를 마치 고객의 것처럼 진지하게 받아들이는 것, 그것이야말로 건실한 서비스 시스템의 첫걸음이다.

서비스 직원들의 무엇을, 어떻게 살펴보아야 하는가?

서비스에 있어 가장 중요한 관점은 고객의 눈이겠지만, 그 다음으로 중요한 것이 바로 고객과 직접 부딪히는 서비스 직원의 관점이다. ① 지금, ② 현장에서, ③ 생리적으로 느끼고 있는 사람의 의견이 가장 의미 있다는 것을 인정하고 모든 것을 시작해야 하며, 피부로 느껴보지 않고 떠드는 이론쟁이나 3류 CS 강사의 말에 지나치게 큰 의미를 부여하면 안 된다.

다른 업종도 마찬가지겠지만, 어떤 조직의 리더가 될 자격이 있는 사람은 해당 업무의 가장 밑바닥, 최일선 업무를 온몸이 저리게 경험하고 올라간 사람이다. 서비스 조직 역시 마찬가지다. 하루에 전화를 몇백 통씩 받아보았거나, 온종일 수십 명의 고객들에게 시달려본 사람만이 제대로 된 서비스 리더가 될 수 있다.

그러나 설사 그런 경험을 통해 성장했다손 치더라도, **자신의 과거를 현재에 오버랩하는 실수**를 저질러서는 안 될 것이다. 리더는 절대 경험만으로 이끌어서는 안 되며, 변화해 가는 현실을 파악할 지성과 관찰력을 함께 갖춰야 한다. 어느 분야건 리더가 되는 것은 다양한 능력을 요구하는 법이므로 그에 걸맞은 능력을 키워 나가야 할 것이다.

경험과 이론은 좋은 참고사항인 동시에 거대한 장애물

과거를 오버랩하여 현실을 바라보는 행위도 인식의 왜곡을 부르지만, 이론에 대한 과도한 맹신 역시 오판을 부르는 장애물이 된다.

이 세상이 한 권의 거대한 책이라면 우리가 배운 이론이란 일개 각주에 불과하다. 손톱만한 각주로 책 전체를 설명하려는 건 어리석은 짓이지만, 너무도 많은 이론쟁이들이 그런 작태를 보이고 있다. 경험과 이론은 중요한 참고사항이긴 하지만 절대 현실 그 자체가 될 수 없다.

진정한 현실적 성과를 원한다면, 고학력을 가진 이론쟁이를 일선 직원보다 높게 쳐주는 왜곡된 관점을 버려야 한다. 서비스에서 정녕 필요한 것은 고학력이라는 황금 띠가 아니라, 아픈 경험으로 다져진 일선 직원의 속마음이다. 나는 어떤 업무건 간에 더 많은 이론을 알고 있는 사람보다 더 많은 아픔을 겪은 쪽이 더 큰 역량을 얻게 된다고 믿고 있으며, 서비스의 경우는 더더욱 그러하다.

3류 CS 강사나 이론쟁이들은 온갖 멘트를 떠벌여대지만 누가 뭐래도 서비스는 절대 깨끗한 일이 아니다. 폼 나는 이론을 뛰어넘어 이 진실을 직시하지 못하는 한, 그 어떤 발전도 없을 것이다.

직원의 자질은 유동적인 것

직원의 자질만을 문제 삼는 관리자

만약 관리자가 허구한 날 직원들의 자질만을 문제 삼고 다닌다면 그것은 "나는 생각하지 않고 사는 리더입니다"라고 선언하는 것이나 마찬가지다.

예를 하나 들어보자. 제품의 교환 규정이 까다로워 고객과 자주 실랑이를 벌이는 기업이 있다고 하자. 고객과 논쟁이 벌이지는 근본 이유는 교환 정책에 있음에도, 위와 같은 관리자는 "왜 고객을 좀 더 잘 설득하지 못하느냐? 왜 더 충분하고 친절하게 설명을 못 해주느냐?"는 식으로 문제의 본질을 호도하기 일쑤다. '어떻게 그런 무식한 언사가 가능한가?' 하고 생각할 수 있겠지만, 근본 요인은 직시하지 못한 채 직원들의 태도만을 질책하는 어처구니없는 행태는 현장에서 가장 흔하게 발생하는 **서비스 왜곡 현상**이다.

이 책의 주제는 한마디로 '직원, 고객, 기업이 모두 만족하는 서비스 방법론'이지만, 정신론, 자세론, 태도론만 강요해서는 직원, 고객, 기업 모두 만신창이가 될 뿐이다. 오로지 말하는 사람의 치졸한 자존감만 채워질 뿐이다.

직원의 자질에 대해 떠들기 전에 생각해야 할 일

기업의 리더들이 하는 연설을 들어보면 인재의 중요성을 강조하는 내용들이 많다. 사람이 경쟁력이라든가, 인재가 최고의 재산이라든가 등등. 틀린 말은 절대 아니지만, 이 명제는 묘하게 현실을 왜곡하기도 한다. 기업의 모든 문제를 사람, 즉 직원의 역량 부족으로 귀착시켜버리는 왜곡이 그것이다. 특히 서비스 업무에 있어 그런 오류가 자주 발생한다.

예를 들어, 제품 고장에 대해 길길이 뛰며 화를 내는 고객을 한 직원이 상담하고 있다고 하자. 고객의 분노가 너무 심해 천신만고 끝에 가까스로 해결했는데, 상사가 뒤늦게 나타나서 "그런 고객 하나 제대로 처리하지 못하다니!! 서비스 마인드가 형편 없구만. 교육을 더 받아야겠어." 하고 말하는 경우가 있다.

이런 말도 안 되는 일이 왕왕 발생하는 이유는 첫째는 무식함, 둘째는 정치적 이기심 때문일 것이다. 관리자 입장에서는 고객 불만이 자신의 총체적 경영 미스라기보다는, 직원의 서비스 마인드 부족 때문으로 덮어씌우는 게 사내에서 정치적으로 득이 되기 때문이다. 설마 그런 인간이 많을까 싶지만 너무나 흔히 목격할 수 있는 직장 내에서의 풍경이다. 이는 비단 서비스 업종에만 보이는 광경은 아닐 것이다.

따라서 기업의 CEO라면 발생한 문제가 과연 직원의 친절 마인드 부족에서 생겨난 것인지, 아니면 환경과 제도가 직원의 **친절한 마음씨를 붕괴시켜**버린 것은 아닌지, 책임 소재를 정확히 통찰할 수 있어야 한다.

직원의 역량은 환경과 제도의 영향을 받는다

그와 함께 알아두어야 할 점은 직원의 타고난 역량 외에도 조직의 환경과 제도에 큰 영향을 받게 된다는 사실이다.

무엇보다 직원의 하이 퍼포먼스를 적절한 타이밍에 보상으로 직결해주는 제도가 없다면 직원은 굳이 일을 잘해야 할 이유가 없어진다. 허구한 날 전직 이미지 강사를 불러다가, "여러분~ 서비스란 이런 거예요~ 더 밝게 웃으세요~" 하는 말을 떠들어봐야 직원들은, "그래서? 그렇게까지 해서 나한테 돌아오는 게 뭐지?"라는 말만 외칠 뿐이다. 물론 마음속으로.

물론 **정확하고 빠른** 보상 시스템이 없어도 스스로의 프라이드를 위해 열심히 일하는 직원이 없는 것은 아니다. 그러나 그런 사람은 그리 흔치 않다. 직원에게 비범한 사람이 되기를 강요하는 것보다, 그 어떤 평범한 사람이라도 일을 열심히 하게끔 하는 제도를 만드는 것이 더 올바른 경영이 아닐까? 그런데 성찰이 부족한 리더들일수록 직원에게 비범한 인물이 되라고 강요만 해댄다.

감정노동을 활발히 할 수 있는 환경을 구축해주고 있는가?

그리고 직원의 자질만큼이나 중요한 또 다른 요소가 바로 환경이다.

무슨 일이든 작업환경은 너무나 중요한 것이고, 서비스 업무 역시 마찬가지이다. 업무환경이라고 하면 편리한 기계나 책걸상, 공기청정기 같은 신체적 요소들만 생각하는데, 거기까지가 바로 20세기 사고방식이라면 21세기인 지금은 정신적·감정적 업무환경이 매우 중요해지고 있다.

특히나 서비스는 인간의 감정을 재료로 만들어 내는 상품이다. 직원들이 여유롭고 부드러운 감정 상태를 가질 수 있도록 만들어주는 것은, 좋은 자동차를 만들기 위해 우수한 철강을 공급해주는 것과 같은 원리이다.

아직도 감정노동이 육체노동이나 정신노동보다 쉬운 것이라고 착각하는 사람이 많다. (정신노동과 감정노동의 뉘앙스 차이를 알자.) 훌륭한 감정노동 환경을 구축해좋은 서비스 상품을 만들기 위해서는 가장 먼저 그처럼 직원들의 감정적 고통을 별 것 아닌 것으로 취급하는 관리자들의 마인드를 뜯어 고쳐야 한다. 부하직원이 고객을 바라보는 마인드를 탓하기 전에 부하를 바라보는 자신의 마인드를 성찰해보는 일은 누구에게도 손해가 가는 일은 아닐 것이다.

열악한 감정노동 환경이
서비스 최대의 적

감정노동 환경이란, 직원의 복리 후생적인 측면에서만 중요시되어야 하는 게 아니다. 위에서 언급한 대로 그것은 서비스라는 감정 상품을 잘 제조해 내기 위한 필수 재료이기도 한 것이다. 식재료가 엉망인데 어떻게 좋은 요리가 나오겠는가.

식당에서 사용하는 식재료는 좋은 공급자에게 구입해서, 적절한 환경에서 관리해주면 우수한 상태가 유지된다. 그럼 기업 내에서의 서비스 감정재료는 어떻게 만들어지고 관리되는 것일까?

외부에서 사오는 식재료와는 달리 **서비스 감정재료는 100% 기업 내부에서 만들어지고 관리된다.** 식재료를 우습게 여기는 식당 주인은 망해야 마땅하듯, **직원의 감정 부담을 간과하는 이는 서비스 관리자가 될 자격이 없다.** 그런 사람은 빨리 다른 일을 찾아보는 게 본인과 인류의 행복을 증진시키는 길일 것이다.

서비스를 향상시키려면 조직 내부에서 감정 부담을 최소화해야 한다

모멸, 질책, 창피, 굴욕, 책망, 고성, 욕설, 위협, 압박……

나의 주장과는 달리, 강압적 문화가 팽배한 조직들에서는 위와 같은 감정 부담 요소들이 너무나도 가볍게 취급되고 있다. 감정적 가해자에게는 한없이 관대하면서, 피해자에게는 야박한 해괴한 상황이 사회 곳곳에서 자주 목격된다. (예를 들면 감정 가해자의 부주의보다 피해자의 관용 부족을 탓하는 경우 같은 것들이다. 이 얼마나 기괴하고 어처구니없는 논리 전개인가?)

다른 업종은 어떨지 몰라도 서비스는 철저한 감정노동이다. 따라서 최상의 서비스를 구현하기 위해서는 조직 내부에서 불필요한 감정의 낭비를 줄이기 위한 실질 작업이 이뤄져야 한다. 특히 고객과 상대하지 않을 때, 조직 내에서 구성원 간에 빚어지는 **불필요한 감정의 소모**는 서비스업에서 가장 터부시되어야 할 악습이다.

직원들의 감정노동 환경을 정비해주지 않으면, 기업이 망할 수도 있다

이것은 절대 과장된 표현이 아니다. 충분히 망할 수 있다.

기업 내에서 발생하는 문제가 잘 해결되지 못하는 가장 큰 이유는 관리자가 사안의 심각성을 인식하지 못하기 때문이다. 기업의 감정노동 환경이 좀처럼 개선되지 못하는 주된 이유 역시 관리자가 그 심각성을 제대로 인식하지 못하기 때문일 것이다.

여기서 망한다는 것은 직원들이 들고 일어난다거나 정신적 피해 보상 소송에 휘말린다거나 하는 경우를 말하는 게 아니다. 식재료가 엉망이면 음식도 개차반이 되는 것처럼, 열악한 감정노동 환경에서 만들어지는 서비스 역시 저질 상품이 될 수밖에 없다는 이야기다. 상품이 저질인데 망하지 않을 기업은 없다.

만일 이 정도의 심각성을 온전히 받아들일 도량을 갖췄다면, 그 다음에 필요한 일은 현장에서의 의견 수렴이다. "모든 문제의 해법은 현장에 있다"는 이야기는 삼척동자도 알만한 말이고, 실제로 제조 현장에서는 이 이야기가 보편화되어 있다. 그러나 아쉽게도 서비스업에서는 묘하게 의견이 아래에서 위로 올라가는 것이 어렵다. 대체 왜 그럴까?

가슴 찢어지는 얘기지만 우리 사회 전반에 뿌리박혀 있는 서비스 종사자들에 대한 경시 풍조가 원인이라는 생각이 든다. 겉멋에 취한 3류 CS 강사의 말은 귀담아 들어도, 현장에서 고객에게 머리를 숙이는 직원의 이야기는 존중치 않는 것이 작금의 우리네 현실이다.

동등한 인격적 가치를 인정하지 않았다면 '대화'라고 할 수 없다

현장의 상황이나 의견을 제대로 파악하기 위해 가장 필요한 일은 무엇일까? 설문지 제작, 현장 방문 계획 짜기보다 우선적으로 필요한 일은 가치에 대한 재평가이다. 즉, 일선 **직원의 가치와 역량을 적절히 상향 평가**해주어야 한다는 것이다. 배경이나 학벌과는 무관하게 일선 **직원의 사고력과 판단력에 존경**을 보내주지 않으면 그 어떠한 의견 수렴도 가식적인 행위로 끝날 뿐이다.

사실 많은 관리자들이 부하직원에게 존경을 받고 싶어 안달하지만, 세상의 모든 감정은 쌍방향성을 가질 때만이 제대로 발현된다. 즉, 부하들로부터 존경을 얻고 싶다면 부하를 존경해야 한다. 그러나 일반적으로 지위의 고하가 있는 인간관계에서는 상위 직급자가 하위 직급자를 자신과 같은 가치의 인격체로 보지 않으며, 그런 상황에서 서로 존경심을 갖게 되는 것은 폐수에서 월척을 낚기보다 더 어렵다.

상호간에 존경심이 상실된 상태에서는 당연히 어떤 커뮤니케이션이건 제대로 될 리가 없다. 기본적으로 **커뮤니케이션은 상대를 나와 동등하다고 인정해줘야 성사**되는 것이며, 지위에 따라 인간을 평가하는 시선 속에서는 아무리 이야기를 나눠봐야 시간만 아까울 뿐이다. 단지 귓구멍으로 듣기만 한다고 의견 청취가 아닌 것이다.

올바른 의견 청취란 무엇인가?

올바른 의견 청취란, **상대의 의사에 적절한 무게를 실어주는** 것을 의미한다. 부하직원의 의견 중 **의미 있는 것을 정확히 파악해서, 적절한 무게를 실어주는 일**이야말로 리더의 가장 중요한 역할이다. 그리고 그런 일을 제대로 수행하기 위해서는 당연히 부하의 인격적 가치와 역량에 대한 존경심을 갖고 있어야 한다.

자기 조직의 일선 직원보다 3류 CS 강사나 이론쟁이들이 늘어놓는 환상적인 고객 지상주의를 더 존중하는 관리자가 있는 한 조직의 뿌리는 튼튼해질 수 없다. 서비스는 이론쟁이들의 말처럼 그렇게 깨끗하고 아름답기만 한 일이 아니기 때문이다.

하향식 지시로는 조직의 근본을 정비하기 힘들다

1. 감정노동의 고됨을 인정할 것
2. 감정노동 환경 정비의 중요성을 심각히 받아들일 것
3. 일선 직원들에 대한 존경심을 가질 것

결국, 이 3가지 기본 요건이 갖춰지지 않았다면 그 어떤 환경 개선도 기대할 수 없다.

출세의 야욕으로 가득 찬 일부 관리자들은 직원들의 **고충을 불평 불만으로 변질**시키고, 자신의 관리에는 아무 잘못이 없다는 것만 증명하려 애쓴다. 진정 훌륭한 감정노동 환경을 구축하기 위해서는 그런 중간 관리자들의 장벽을 뛰어넘어 가장 아래로부터의 의견을 기초로 개선작업을 펼쳐나가야 한다. 당연한 얘기지만 아래의 의견을 무시하고 어떻게 아래-하부 구조를 튼튼히 할 수 있겠는가?

우리는 때때로 **카리스마 강박증**에 걸린 리더들을 목격하곤 한다. 부하직원이 꼼짝 못할 정도로 강한 지시를 내리고, 옴짝달싹하지 못할 정도의 위엄을 보여야 한다는 강박관념에 사로잡힌 사람들 말이다. 당연히 그런 행동들은 백날 해봐야 남는 게 없다. 동서고금을 막론하고 부하들이 존경하는 리더란, 겸양지덕을 갖추고 충분히 나의 이야기를 들어주는 사람이다. 제 잘난 맛에 떠들기만 하는 사람은 겉으로는 어떨지 몰라도 장기적으로는 필히 외면 받게 된다. 옛 경전을 보면 늘 나오는 말이 있지 않은가. "사람은 자리가 올라갈수록 몸을 낮추고, 말이 적어져야 하는 법이다."

'현재'를 존중해야 조직의 뿌리가 강해진다

'아래'에 대한 존중과 함께 또 하나 중요한 것은 '지금, 현재'를 존중하는 마음가짐이다.

작금의 현장을 무시하고 '내가 왕년에 일해 본 바로는 이렇더라'라는 사고로 환경을 만들어 가기 시작하면 **퇴행적 변화**가 일어날 수 있다. 시니어들의 경험을 무시하란 얘기가 아니라, 이러니저러니 해도 과거보단 현재가 더 의미 있다는 얘기다.

직원들의 노동 환경을 구성함에 있어 관리자들은 일단 그들의 풍부한 경험과 지식을 뒤로 밀어두고, 인내심으로 귀를 열어야 한다. 입 다물고 있다고 '저 사람은 바보인가 보군' 하고 생각할 부하 직원은 없다.

물론, 이야기를 듣다 보면 직원들의 요구가 분수를 모르는 억지처럼 들릴 수 있다. 많은 선배들의 경우, 그럴 때마다 반사적으로 자신의 옛 무용담을 늘어놓으며 찍어 누르려고 한다. 물론 그 기분은 충분히 이해한다. 젊은 사람들, 심지어는 나조차도 후배에게 그런 감정을 못 느껴봤던 것은 아니니 말이다. 그러나 문제는 시대가 너무나 빠르게 바뀌어 간다는 점이다.

모든 기업들이 고객의 요구가 하루가 다르게 변해 간다고 난리치고 있는데, 과연 **직원들의 상황 역시 하루가 다르게 변해가고 있다**고 지각하는 리더들은 얼마나 될까?

감정노동
환경 개선을 위하여

고정관념은 잠시 내려놓고, 직원의 관점에서

'일이란 게 어떤 것이든 고통스러운 게 당연한 거지'라는 논리우산이 펼쳐지면, 전혀 당연하지 않은 고통 요소까지 곰팡이처럼 확산된다. 관리자가 "직장생활이 힘든 게 당연하지, 그걸 참는 게 직장인의 태도야"라는 폼 나는 멘트를 많이 떠들면 떠들수록, 조직이 개선될 희망은 짓밟히게 되는 것이다.

일과 직장생활에 대한 고정관념은 적어도 개선을 시도하는 와중에는 잠시만 내려놓자. 그 관념은 나중에 또 써먹을 때가 있을 테니말이다. 마인드를 약간만 리부팅하고 나서, 일선 직원의 관점에서 **존재의 필요성이 낮은 감정 고통의 요소들을** 하나씩 추출해보도록하자.

감정노동 상의 문제를 파악하기 어려운 이유

그러나 감정노동 상의 문제는 마인드를 바꾸었다손 치더라도 파악하는 게 쉬운 일이 아니다.

일단 감정노동의 고충은 정확히 측정하는 것부터 아주 까다롭다. 얻어맞은 상처는 눈에 보이지만 감정의 고뇌는 그렇지 않기 때문이다.

예를 하나 들어보겠다. 콜센터 직원에게 한 블랙 컨슈머가 불량품 교환과 관련하여 이런 말을 늘어놓았다 치자.

"아, 이 개xx, 씨xxx야, 니네는 장사를 이따위로 해먹냐? 뭐? 그게 너네 규정이라고? 그런 개 같은 규정이 어딨어? 야, 너 이름 뭐야? 너 가만 안 둘 줄 알아. 당장 니네 사장 바꿔. 사장, 개xx 바꾸라고."

보통 이런 경우에, 특히 상급자를 바꾸라는 전화가 오면 아래 직원들은 어떻게든 무마하려는 경향이 강하다. 권위적인 조직일 경우, "그런 거 하나 못 막고 나한테까지 전화가 오게 만드냐, 이 자식아?"라는 질책이 쏟아지기 때문에 웬만하면 막으려 한다. 물론 저지하기 위해서는 자신의 **인격과 감정을 방파제**로 쓸 수밖에 없다.

그런데 3명의 직원이 똑같이 이런 일을 겪었다고 해도, 사람에 따라 그 고충을 언어로 표현하는 데는 큰 차이를 나타내게 된다.

직원 A: 최근 불량품 교환 문제 때문에 항의 전화가 많이 오는 것 같아요.

직원 B: 아, 그다지 힘든 건 없는데요.

직원 C: 불량품 교환으로 어떤 사람한테 전화가 왔는데, 불만이 너무 심한 것 같아요. 이 문제 때문에 걸리는 부담이 이만저만이 아닙니다. 고객들의 욕설도 장난이 아니에요. 대책을 좀 세워주세요.

이처럼 감정노동은 **느끼는 정도뿐** 아니라 **표현하는 방식도 천차만별**일 수밖에 없다. 똑같은 일에도 이 정도까지 차이가 날 수 있는

데, 이 경우 제3자나 관리자는 명확한 판단을 하기가 매우 어려워
진다. 그래서 대개의 경우는 이런 식의 반응을 보이게 된다.

> **상사: 이봐 C씨! 바로 옆자리의 B씨는 그다지 힘든 게 없다고 하는
> 데, B씨의 성품을 좀 본받는 게 어때? 사람이 불평불만만 많
> 아 가지고.**

이런 식이 되고 나면 조직 내에서는 '웬만하면 참자, 괜히 말해봐
야 오해만 사고 욕만 얻어먹는다'라는 분위기가 퍼지게 된다. 그러
면서 개선되어야 할 문제점들이 차곡차곡 묻혀가게 되는 것이다.
감정노동 상의 문제는 이처럼 각 기업의 특징, 구성원의 성격, 직
무 특성 등에 따라 드러나는 양태가 천차만별이다. 따라서 그에 맞
는 정확하게 파악하는 방법을 그때그때마다 고민하는 수밖에 없다.

이것이 경영자의 가장 큰 의무 중 하나

그럴 듯한 신상품을 만들거나 폼 나는 프로젝트를 발표하는 것
이 경영의 핵심이라고 착각하는 사람들이 많지만, 사실 조직 구성
원들의 심신을 잘 살피는 것이야말로 경영의 최대 핵심 과업이다.
나는 부하직원의 마음을 유심히 살펴보지 않는 사람을 경영자라고
인정하지 않는다.

직원의 고통이 바로 고객의 고통
−직원의 감정자원에 대하여

감정 에너지도 유한하다

체력적 에너지가 한계가 있듯 감정적 에너지원도 무한한 게 아니다. 아주 당연한 이야기다. 강제, 억제, 인내 등의 감정을 수용할 수 있는, 각자 마음의 허용량은 정해져 있다. 쓸데없이 체력을 소모하는 것이 낭비이듯, 감정 에너지를 고객에게 쏟지 못하고 엉뚱한 곳에 낭비하게 된다면 당연히 서비스 품질이 떨어질 수밖에 없다.

감정 에너지, 감정자원. 아직도 많은 기업들이 압박, 감정의 소모를 통한 성과 끌어올리기 방법을 애용하고 있지만, 일류 기업들을 중심으로 직원의 감정자원 관리가 경영의 주요한 축으로 존중받고 있다. 내 멋대로 이름 붙여 보자면 ESM(Emotional Source Management)이랄까. 이미 이 용어가 사용되고 있는지 어떤지는 알 수 없지만, 앞으로는 점점 기업들이 재무 상태를 관리하는 것처럼 직원들의 감정자원을 면밀히 관리해가는 풍조가 자리를 잡아 갈 것으로 본다.

특히나 이 감정자원관리(ESM)가 중요한 이유는 그 파급효과에 있다. 육체적 피로와는 달리 감정의 고됨은 주변으로 전파된다. 전염된다는 표현이 정확하다. 신종플루 바이러스를 남에게 전염시키고 싶어서 하는 게 아니듯, 지친 감정 역시 자기도 모르게 다른 사람 또는 고객에게 전염된다. 고객과 늘 살을 맞대고 살아가는 서비스 직원들의 삶이 괴로우면, 고객들이 받는 느낌이 좋을 리 없는 것이다. 이는 1＋1＝2라는 계산만큼 당연한 이야기다.

직원의 고충을 인지하지 못하는 관리자는, 고객의 요구도 파악하지 못한다

고객 만족이란 말을 풀어쓰면, 고객의 만족감을 올려주자는 이야기다. 감(感), 감성(感性), 즉 느낌.

따라서 고객 만족을 달성하기 위해 가장 우선적으로 필요한 것은 거창한 학문적 이론이 아니라 인간의 고통감과 만족감을 정확히 파악해낼 수 있는 감성적 예민함이다. 이것을 갖추지 못한 사람은 백날 이론을 외쳐대 봐야 별 쓸모가 없다.

직원의 고충을 잘 잡아내지 못하는 감성이 무딘 관리자는 당연히 고객의 만족감도 제대로 파악할 수 없다. 이 감성적 역량이 바로 리더의 자질로, 이는 내면의 근본 역량과 관련된 것이기 때문에 예외는 있을 수 없다.

기계와 인간

제도와 환경을 개선해 서비스 직원들의 감정 에너지를 절약하는 것은, 생산 공정에서의 낭비를 제거하는 것과 완전히 같은 원리다. 그러나 때때로 인간은 기계만도 못한 대접을 받기도 한다. 공장의 기계에는 녹슬지 않도록 늘 기름칠을 해주지만 서비스 직원들에게는 감시와 압박, 질책만 가해지는 곳이 대부분이다. 과연 당신의 기업에서는 서비스 직원에게 기계 장비보다 더 나은 대접을 해주고 있는지?

기업뿐만 아니라 사회 전체적으로, 서비스 직원들은 그 가치를 심하게 폄하당하는 경우가 대부분이다. '내세울 만한 학식이나 기술이 없어서 저런 일을 하고 있군' 하는 식의 끔찍하리만치 무시무시한 편견!! 그런 말을 늘어놓는 고학력인, 많이 배운 무식쟁이들이 이 세상을 더욱 병들게 하는 것이다.

그러나 전문 기술자나 고학력자들이야말로 일선 서비스 직원이 없다면 하루도 살아나가기 힘든 사람들이다. 그 어떤 고급 기술이나 고차원 이론도 접촉 서비스 없이 고객에게 전해질 수 없고, 고객을 접하지 못하면 돈은 벌리지 않는다. 기술 위에 인간이 있고, 이론 위에 인간이 있는 법인데, 머릿속에 그 순서가 뒤바뀌어 버린 인간들이 잘났다고 여기저기 설쳐대고 있다.

서비스 직원들에게 폐나 끼치지 말자

고위직이나 전문 분야의 사람들은 서비스 직원들을 폄하해대지만, 오히려 그들에게 해주고 싶은 말은 서비스 직원에게 폐나 끼치지 말라는 것이다.

기업의 전략, 기술, 제도가 잘못되어 양산되는 온갖 고객 불만에 대한 뒤처리를 서비스 직원들이 해주고 있고, 그로 인해 저하되는 감정자원과 정신의 체력은 서비스 질의 저하라는 악순환을 불러온다. 그러나 억울하게도 근본적 모순을 창조한 자들이 '태도 교육을 더 시켜야 하네, 서비스 마인드가 없네, 어쩌네' 하며 서비스 일선에 책임을 전가한다. 이런 황당한 왜곡 현상은 수많은 기업에서 오늘도 반복되고 있다.

고객과 직접 대면하지 않는 사람들은 서비스 직원들을 압박하여 고객 만족을 끌어올리려 하지만 오히려 우리에게 필요한 건 정반대의 시선이다. **서비스 직원들이 가장 고통스러워하는 포인트를 찾아 그것을 개선해줌으로서 고객 만족을 끌어올리는** 다른 방향에서의 접근이 바로 그것이다.

빈약한 감정자원을 트레이닝으로 극복할 순 없다

시중의 CS 교육이 남발하는 표정, 자세, 말투 트레이닝이 전혀 필요하지 않다는 것은 아니다. 단, 거기서 이야기를 끝내버리면 길고 긴 미래는 절대 담보되지 않는다는 얘기다. 오히려 정반대의 관점으로, 사람의 감정자원을 충분한 상태로 유지해주어 자연스럽게 친절함이 우러나오도록 한다면 그 힘과 지속성은 월등히 강해질 것이다.

실제 서비스 현장은 너무나도 거칠고 지저분한 곳이어서 빈약한 감정자원에서 나온 껍데기 친절은 약간의 풍랑만 만나도 부서지게 마련이다. 거친 파고를 견뎌낼 수 있는 힘은 3류 CS 교육이 아니라, 환경과 제도, 경영의 정비로 확보된 풍성한 감정자원밖에 없다.

3류 CS 교육, 강요와 트레이닝으로 만들어진 친절은 굳이 비유하자면 농약을 떡칠해서 키운 채소라고나 할까. 농약으로 키우면 어떻게 팔아먹을 수야 있겠지만, 그게 과연 좋은 음식이라고 볼 수 있을지 의문이다. 고객에게도 말이다.

고객과 직원을 제대로
바라보지 못하는 조직

사물을 제대로 보지 못하는 건 시력이 나빠서 그렇다. 나도 눈이 나쁜데 사람의 시력이 저하되는 데는 우리가 생각하는 것 이상의 다양한 원인이 있다고 한다. 간이나 위장이 나빠져도 시력이 저하될 수 있다.

그렇다면 고객과 직원의 현 상태를 정확히 바라보는 기업의 시력은 왜 떨어지는 것일까? 인간의 눈처럼 기업의 시력이 저하되는 데도 수많은 내부적 요인이 있다. 그 요인에 대해 이론 맹신자들은 공부나 학위의 부족 때문이라 말하고 싶겠지만, 실상 꼭 그렇지만은 않다. 실제 현장에서 일하다 보면 외국물을 많이 먹고 온 고학위자와 그렇지 않은 사람의 격차가 영어 구사력 외에는 별로 없다는 사실을 많이 느끼지 않던가.

여기서는 고객과 직원의 현실을 올바로 바라보지 못하게 하는 기업 내의 **왜곡** 현상에 대해 얘기해볼까 한다.

고객이 진정으로 원하는 일을 하지 못하고, 헛수고에
힘을 빼는 기업들

기업이 고객을 제대로 바라보지 못하는 이유는 무엇인가? 고객이 진짜 원하는 것을 제공하지 못하고 헛짓거리에 힘을 낭비하다가

패망하는 기업들이 꽤 많다. 그런 한심한 사태가 벌어지는 원인은 경영학자들이 많이 분석해놓았을 것이고, 나도 이야기하고 싶은 게 많지만 피부로 느낀 것 2가지만 말해보겠다.

1. **일선에서 채집된 고객의 상태가 상부로 전달되지 못하거나, 왜곡되어 전달된 경우**
2. **자신들이 알고 있는 이론에 고객의 상태를 억지로 끼워 맞추는, 얼치기 이론쟁이들이 득세하는 경우**

제조업 현장에서는 수십 년 전부터 '현장중심주의'가 거론되어 왔다. 그리고 실제 현장 종사자들은 자부심이 대단해서 누구도 함부로 건드리지 못한다.

그러나 서비스업에 있어서는 '현장종사자'들의 목소리가 상대적으로 많이 무시된다. 제조업과는 달리 서비스에 있어서는 일선 종사자들의 목소리보다 학위만 높은 이론쟁이, 3류 CS 강사들의 목소리가 더 중시되는 게 일반적 경향이다.

고객의 상태를 자신이 알고 있는 이론에 억지로 끼워 맞춘다: 이론 본능

자칭 박식하다는 고학위자들도 현실의 고객에 대해 오판하는 경우가 많다. 학위를 얻게 되면 배우는 것도 있지만 몇 가지 심리적 맹점도 얻게 되는데, 때론 그것이 큰 피해를 부른다.

기본적으로 대학과 대학원에 엄청난 돈을 바치면서 학위를 따온 사람들은 자신이 기울인 금전적·시간적 노력이 헛되지 않았다는 것을 증명하려는 잠재심리가 생긴다. 기왕이면 현실 비즈니스에서 벌어지는 일들이 자신이 배워온 '고급스러운 이론'의 틀 안에만 일어나 주기를 바라고, 억지로라도 그렇게 증명하려 한다. 그게 아니라면 엄청난 돈과 시간을 들여 해온 공부가 쓸모없는 것이 되니 말이다.

실제 회의석상에서, "난 학교에서 이렇게 배웠다"라는 것을 당당히 논쟁의 근거로 제시하는 사람을 본 적도 있다. 나는 어처구니가 없었지만, 의외로 많은 사람들이 그 이야기에 고분고분 순응하곤 했다. 확실히 이 나라에서 학위의 위력은 현실보다도 강력한 것 같다.

그러나 우리는 맞이하는 매 순간의 현실에 대해 늘 새로운 마음가짐으로 분석해야 하며 그게 올바른 자세다. 반면 어설픈 이론쟁이들은 현실을 자신의 짧은 배움 안에 어떻게든 구겨 넣어야 마음을 놓는다. 요컨대 일을 잘하는 게 목적이 아니라, 자신의 인생 히스토리를 정당화하는 것이 주목적인 것이다. 그런 사람들을 중용하면, 정말 필요한 행위를 적시에 하지 못하고 헛짓거리에 자원을 낭비하는 일이 곧잘 발생하게 된다. 기업에는 언제나 폼 잡기 좋아하는 이론쟁이나 정치적 욕심에 눈이 벌건 관리자들이 설치므로, 최정점의 CEO는 그들에게 휘둘리지 않고 늘 진실을 간파할 통찰력을 갖추어야 한다.

기업 내 정보의 왜곡

위와 같은 이론쟁이들의 심리적 맹점으로 발생되는 왜곡이 개인적 차원의 문제인 데 비해 보다 구조적이고 조직적으로 발생되는 왜곡도 있다.

기업을 경영하면서 잘 인지해야 할 사항은 (특히 큰 기업일수록) 일선에서 채집된 사실 정보가 있는 그대로 위로 올라가는 것이 얼마나 어려운 일인지를 깨닫는 것이다. **기업 내에서의 정보는 언제나 왜곡되고 있다.**

사실 이것은 매우 당연한 이야기로, 심지어 우리는 둘만의 커뮤니케이션에서도 왜곡을 경험하곤 한다. 왜냐하면 우리는 언제나 각자의 마음의 창을 투과한 **개인의 진실**만을 가지고 대화에 임하기 때문이다. 단 2명 사이에서도 그럴진대, 수백 수천의 사람이 있는 기업 조직에서야 두말할 나위도 없다. 오늘도 덩치 큰 모든 기업들은 수많은 정보 왜곡을 끌어안은 채 굴러가고 있다. 그래도 돈을 벌어들이고 잘 돌아가는 것은, 세상 모든 기업들이 다 비슷한 상황이기 때문이다.

모두가 그런다고 섣불리 정당화해서는 안 된다

그러나 '사람 사는 게 다 그렇지 뭐. 조직이란 게 다 그런 거 아니겠어?'라는 식으로 병폐를 섣불리 정당화해서는 안 된다. 인류의 역사 이래 병폐 없는 조직은 없었지만 그것을 바라보는 개인의 시각은 각각 큰 차이를 보여 왔다.

① 보편적이라는 이유로 보편적 병폐를 수용하는 사람
② 아무리 보편적이라 해도 개선을 위해 덤벼드는 사람

둘 중 어느 쪽 방향을 선택하여 살아야 할지는 명백하다. 물론 거의 모든 조직에서 나타나는 병폐는 그만큼 본질적인 것이기에 완전히 타파하기는 어려울 것이다. 그러나 완전한 개선이 아닌, **부분적 개선이라도 그 의미는 충분하다**. 기업 조직은 어느 정도씩 다들 썩어 있다. 경쟁에서 이기기 위해서는 경쟁사보다 약간 더 깨끗한 것만으로도 충분하다.

고객에 대한 정보 역시 끊임없이 왜곡되고 있다

조직 내 의사전달이 왜곡되는 데는 다양한 인간 심리가 작용한다. 언론지상에서 1년에 몇 번 정도는 거대 기업의 추태 때문에 난리가 나곤 하는데, 그 모든 사태의 이면에는 정보를 왜곡시키는 조직의 병폐가 똬리를 트고 있다.

구체적으로 말하자면 구조적 허점, 고객 불만, 직원들의 괴로움, 그로 인해 폭발 가능한 각종 위험 요소 등이 있는 그대로 위로 전달되는 게 아니라, 중간 관리자나 이론쟁이들의 입맛에 맞게 각색되는 것이다. 이는 대부분 조직에서 벌어지는 아주 평범한 일이지만, 심할 경우 언제든 기업을 날려버릴 만큼 강력한 핵폭탄이 되기도 한다.

기업 내에서 왜곡되는 수많은 정보 중 고객에 대한 것도 많다. 고객의 진정한 요구, 격렬한 불만이 담당자나 중간 관리자 개인의 욕망과 두려움, 취향에 따라 변질되는 것이다. 지구상 모든 기업이 늘 말로는 고객의 의견을 경청한다고 하지만, 실제 고객을 시원하게 만족시켜주는 곳은 손꼽을 정도밖엔 안 되는데 그 가장 큰 이유

중 하나가 바로 이 왜곡 현상 때문이다.

고객의 간절한 목소리를 온전히 수용하려면

고객의 불만을 접수하는 것과 수용하는 것은 엄연히 다른 얘기다. 백날 접수해 봐야 실제 사업 프로세스에 반영이 되지 않으면 아무 의미가 없다. 불만을 수용한다 함은, 그 사안에 대해 전사적으로 진지하게 고민해야 함을 뜻하며 이는 최고 경영자의 의사결정이 필요하다. 그런데 리더에게로 고객의 목소리가 전달되는 과정에서 게눈 감추듯 사라지거나 사실과는 전혀 다르게 변하는 경우가 많으니, 오늘도 많은 기업들이 헛짓거리에 힘을 낭비하고 있는 것이다.

기업 내에서 고객 의견이 왜곡되는 가장 큰 원인은 당연히 다단계적 의사 전달 구조다. 인간의 커뮤니케이션은 여러 단계를 거치면 필히 의미의 왜곡이 진행되기 마련인데, 하물며 출세의 야욕과 생존의 공포가 꿈틀거리는 기업에서라면 당연히 그 정도가 심할 수밖에 없다.

따라서 고객의 목소리를 제대로 청취하기 위해서라면 자신의 귓구멍을 활용하는 것이 제일이고, 그 다음으로는 중간 관리자를 최대한 배제하고 최일선 직원과 다이렉트로 만나보는 것이 좋다. 그래야만 수많은 왜곡의 장벽을 뚫고 진짜 제대로 된 고객의 목소리를 받아들일 수 있다.

고객의 목소리는
어떻게 왜곡되는가?

고객의 목소리도 가려서 들어야 한다

"신성한 고객의 목소리를 가려서 들으라니, 그게 뭔 헛소리냐?"
고 말할 사람도 있을 것이다. 그런데 대개 그런 폼을 잡는 사람들일
수록, 현장이라는 진흙탕에서 실제 고객과 뒤엉키는 일은 아주 꺼
려하는 경향이 있다.

'가려서 듣는다'는 것은 배제하라는 뜻이 아니다. 만약 당신이
고객의 목소리를 직접 듣는 입장이 아니라 전달받는 입장이라면,
고객의 목소리를 적절히 가려 진실을 꿰뚫어볼 수 있는 역량을 갖
추어야 한다는 것이다.

고객의 목소리는 어떤 식으로 왜곡될까?

고객의 목소리, 즉 VOC의 왜곡 형태는 다양한 종류가 있다. 왜
곡이라고 해서 꼭 고객에게 나쁜 방향으로 가는 것만 있는 것도 아
니다. 예를 들면, 극소수 고객의 너무나 사소하고 희한한 만족을 위
해 필요 이상의 자원이 낭비되는 경우가 생길 수 있는데, 이런 것도
말하자면 VOC의 왜곡이다.

"고객의 아주 작은 만족 향상을 위해서라도 피땀을 마구 흘려줘

야 하는 게 직원의 의무가 아니냐?"는 말을 할 수도 있지만 이는 대개 밑바닥을 경험해보지 않은 사람들이 잘 토해내는 말이다. 우리가 가지고 있는 시간, 인적·물적 자원은 한정되어 있고, 허구한 날 직원들에게 새벽 2시까지 일을 시킬 수는 없는 일이다. 그렇다면 보다 넓고 강한 고객 만족을 이끌어낼 수 있는 작업을 선별해야 하는 것은 당연한 일이다. 그것은 고객을 위해서도 좋다.

VOC 왜곡의 유형

VOC 왜곡에는 크게 다음과 같은 종류가 있을 것이다.

1. VOC가 중간에서 사라진다(은폐)
2. 중요한 VOC가 별 것 아니게 의미 축소된다(축소)
3. 필요 이상으로 의미가 부풀려진다(증폭)
4. 당초의 의미가 바뀐다(변질)
5. 보고는 되었으나 다른 건들 사이에 묻혀버린다(매몰)

VOC의 의미는 더도 말고 덜도 말고, 있는 그대로 전달되는 게 가장 좋을 것이다. 일부 기업에서는 고객의 육성을 녹음하여 고위 경영진에게 전달하는데, 이는 좋은 사례이기는 하지만 녹음 파일을 전달하는 것도 중간 과정은 있는 것이므로 그 사이에 무슨 왜곡이 있을지는 장담할 수 없다. 중간 관리자 입장에서 VOC가 자신의 입지에 해가 된다고 판단되면 가차 없이 은폐하거나 왜곡해버릴 수 있으므로, 녹음 파일이라도 얼마든지 왜곡될 수 있다. 여하튼 직접 듣는 게 아니라면 어떠한 형태든 방심해서는 안 된다.

왜곡의 발생원인

그렇다면 기업에서 이와 같은 왜곡 현상은 왜 발생하는가? 커뮤니케이션에서 발생하는 모든 왜곡은 당연히 인간의 심리현상 때문에 일어나며, 그 종류는 적어도 수만 가지는 될 것이다. 다만 그중에서 기업에 국한하여 주된 왜곡 유발 심리를 몇 가지만 들자면, **출세욕, 과시욕, 자기 보호 본능** 같은 것들이 있겠다. 듣는 것만으로도 마음이 어두워지는 추접한 단어들이다.

출세를 위해 고객의 목소리를 멋대로 날조하는 경우는 기업에서 자주 볼 수 있는 광경이다. 예를 들면, 전혀 효과가 없는 이벤트였는데 고객들이 좋아 날뛰는 것처럼 보고한다든지……. 최고 경영자의 통찰력이 뛰어나다면 잘 속지 않겠지만, 사실 실무에 정통한 중간 관리자가 작정하고 꾸며대면 알아채기가 쉽지 않다. 추후 기업에 망조가 나타날 때서야 속았음을 인지하는 CEO들도 많다. 마치 간신들에게 둘러싸여 있다가 나라가 망하려니까 그때서야 땅을 치는 옛날 왕들처럼 말이다.

과시욕도 비슷한 사례인데, 학교에다가 돈을 바쳐가며 배운 이론에 고객의 목소리를 억지로 끼워 맞추는 이론쟁이들의 학위 과시욕이라든가, 오랜 짬밥을 먹은 중간 관리자들이 자기의 경험 밖의 것을 인정하지 않으려는 자존심도 일종의 과시욕이다.

사실 이와 같은 심리 현상은 의식적이라기보다는 무의식적으로 발동되는 것들인데, 이 역시도 기업을 뒤흔드는 정보 왜곡에 일조

하는 원인 중 하나이다.

지위 격차를 잊고 겸손하게 최일선을 존중할 것

이러한 정보 전달의 왜곡을 막기 위해서는 겸손한 마음을 가지고 최일선 고객, 직원들과 가능한 많은 접촉을 갖는 것이 좋다. 그런 과정에서 기존에 보고받은 내용과 상이한 상태를 발견한다면, VOC 보고 프로세스를 근본적으로 재점검해볼 필요가 있다.

그러나 비대하고 관료적 성격이 강한 조직의 고위직들은 이런 일을 잘하지 않는다. 어느 정도 생존이 보장되어 있는 공룡 같은 조직일수록 더하다. 그 이면에는, '내가 지금 그런 거나 할 짬밥이야?'라는 '짬밥론'이 버티고 있다. 짬밥론이 꼭 나쁘기만 한 것은 아니지만 '고객 만족'이라는 목표를 추구함에 있어서는 아주 큰 장애물이 되곤 한다. 짬밥이 과도한 지배력을 행사하는 조직에서라면 정책과 고객이 따로 놀 가능성이 많다. 왜냐하면 높은 짬밥을 보유한 고위 관리자들이 최일선에 나가는 것을 귀찮아하기 때문이다.

고위직들이 짬밥론에 의거하여 밑바닥 현장과 멀어질수록 당연히 중간에 위치한 관리자들은 마음대로 정보를 주무를 수 있다. 어차피 '일선의 정보야 멋대로 편집하면 그만이니 크게 걱정할 필요가 없고, 온 힘을 다해 윗사람 모시기에만 전념하면 출세할 수 있다'는 것이 많은 중간 관리자들의 생각이며, 이것이 수많은 2류 기업들에서 벌어지는 조직생활의 실체다. 그런 기업에서는 직원과 고객은 모두 괴로운데 오로지 고위직만 희희낙락하는 추태가 매일같이 벌어진다.

나의 이 얘기를 도덕론적 차원에서만 바라볼 것은 아니다. 그런 기업이라면 장기적 경영 성과가 좋을 리 없지 않은가?

고객의 목소리를 정확하게 듣는 4가지 의미

왜곡의 근본 요인을 따져보았다면 그 다음으로는 방법론을 이야기할 차례다. 고객의 목소리를 정확하게 받아들이려면 어떤 방법을 구사해야 할까?

고객의 목소리를 듣는다는 것은 크게 ① **채집** ② **의미 파악** ③ **공유** ④ **반영**의 4단계로 나누어볼 수 있다. 이 ①, ②, ③, ④단계 중 기업의 특성에 따라 어떤 것은 잘되고, 어떤 것은 잘 안 되게 마련인데, 교과서나 3류 강사가 소개하는 폼만 그럴듯한 사례를 따라하는 것보다 우선적으로 기업 내부를 살펴보아야 한다.

그럼 다음 장에서부터 위 4단계의 올바른 수행을 위한 간단한 방법을 하나씩 소개해볼까 한다. 사실, 대부분 기업들에서 쓰고 있는 방법이지만 조금 더 간결하고 실용적으로 정리를 해본 것이다. 복잡한 이론의 겉멋에 취해버리면 그 어떤 목적도 달성할 수 없기에, 나의 이야기가 꼭 새롭지는 않아도 일정한 의미는 건질 수 있을 것이라 생각한다.

VOC 채집 방법

고객의 목소리 분류

정확한 VOC 수렴을 위해 일단 고객의 목소리라는 것을 구분해 보자. 거의 대부분의 경우 VOC는 불만과 요구, 2가지밖에 없다.

각 기업의 특성에 따라 불만과 요구 중 무엇을 더 우선시 할 것 인가를 고민해야 하는데, 그런 고민까지 완전히 끝나야 비로소 VOC를 정확하게 들었다고 할 수 있다.

1단계: 채집 방법

우선 VOC 수렴의 4단계 중 1단계인 '오류 없는 VOC 채집 방 법'부터 알아보겠다.

들려오는 모든 VOC를 똑같이 대하는 것은 시간 낭비다. 그렇다 고 **빈도수만 가지고 VOC의 중요성을 판단하는 것도 너무 단순한 생 각**이다. 기업에 가장 큰 의미를 던져주는 VOC를 선별할 수 있어야 하는데, 지금부터 내가 이야기하는 방법들은 어쩌면 당신이 다니는 회사에서 더 훌륭하게 이미 쓰고 있을 수도 있겠다. 그러나 설사 그 렇다 해도 날 너무 욕하진 말아줬으면 한다. 어차피 이 하늘 아래 완벽하게 새로운 것이 얼마나 되겠는가?

첫 번째 채집 기법

각 기업의 콜센터에서는 전화를 걸어오는 고객의 요구사항을 분류하여 개수를 체크하곤 한다. 물론 이것도 중요한 일이지만, 단지 빈도수에 의해서만 VOC를 판단하면 더 중요한 것을 놓칠 수도 있다.

표면적으로 콜센터에 걸려오는 고객 전화는 크게 문의와 항의로 나눠볼 수 있는데 문의는 요구, 항의는 불만으로 다시 분류해볼 수 있다. '문의＝요구'라는 공식에 고개를 갸우뚱할 수도 있지만, 고객과 질리도록 말을 섞어본 사람이라면 쉽게 납득할 것이다.

무엇이 궁금하다는 전화는 곧, "이런 사항이 궁금해서 전화하게 만들지 말아줘, **애초에 궁금하게 만들지 말아달란 말이야**"라는 요망인 것이다. 서비스 리더가 이런 이면의 의미를 꿰뚫느냐 놓치느냐에 따라 기업의 서비스 성패가 좌우된다.

빈도수＋강도 측정의 병행

사실 비교적 단순한 문의의 경우는 개수, 빈도수에 의해서만 판단해도 무리는 없다. 그러나 문의와는 달리 항의의 경우라면 단지 빈도수만으로 그 의미를 판단해선 곤란하다. 어떤 일에서건 양과 질이 동시에 중요한 법. 고객의 항의 역시 양과 함께 질도 중요한 판단 기준이 되어야 한다. 항의의 질이란 **강도**를 뜻한다.

아래 표는 내가 혼자 만들어 쓰던 VOC 분류표이다. 당연한 애기지만, 아래의 분류는 가상의 예시다.

항의 내용	횟수	강력 항의 횟수	강력 항의 비율	평균 항의 강도
배송 지연	83	25	30.1%	A
오배송	65	45	69.2%	B
결제 불만	23	2	8.7%	C
상품 불량	97	55	56.7%	D

아마도 너무 단순해서 별것 아닌 것으로 보일 것이다. 사실 별것 아닌 게 맞다. 그러나 해외의 유명한 교수들이 내세우는 복잡하기 짝이 없는 도구들도 사실 별것 아니긴 마찬가지다. 어차피 다 같은 콜럼버스 달걀이다. 다만 쓸데없이 복잡한 도구는 사용하는 것 자체가 낭비라는 점 정도는 꼭 기억해둘 필요가 있겠다. **복잡함은 그 자체로 낭비**이다.

강도와 빈도 ⇨ 우선적 개선 사항의 도출

이렇게 정리해놓으면 **강도**와 **빈도** 2가지 분류로 VOC에 우선순위를 매길 수 있다. 그리하여 강도와 빈도수, 양쪽의 첫 번째 요구 사항부터 하나씩 개선해 나가면 된다.

굳이 강도와 빈도수 중 더 중요한 것을 하나 꼽으라면 나는 '강도' 쪽이라고 생각한다. 일반적으로는 빈도수를 더 중시하는데, 조금만 생각해보면 당연히 '빈도 높은 불만'보다 '강도 높은 불만' 쪽이 기업에 더 큰 해악을 불러온다는 것을 알 수 있다.

왜 그럴까? 기업과 고객의 관계 중 최악의 것은 불만에 가득 찬 고객이 해당 기업에 대한 나쁜 이야기를 마구 퍼뜨리는 것이다. 그러나 온라인이건 오프라인이건 이야기를 퍼뜨리는 것도 에너지와 시간이 필요한 일이므로 사소한 불만 가지고는 고객도 귀찮아서 큰 안티 행위를 하진 않는다.

물론 그렇다고 빈도수가 중요하지 않다는 이야기는 아니다. 가장 좋은 개선의 순서는 위 예시 표에서 도출할 수 있는 바대로, 빈도수가 높으면서 강력 항의로 발전할 비율이 높은 건수부터 처리해 나가는 것이다.

강도와 빈도 말고도 또 하나의 기준을 더 말하라면 나는 '처리 난이도'를 들고 싶다. 고객이 아무리 길길이 날뛰어도 충분히 여유 있게 처리할 수 있는 건이 있는가 하면, 별로 크게 화를 낸 것은 아니지만 마무리 짓기 힘든 건이 있다. 그런 건이 바로 처리 난이도가 높은 클레임이다. 이것 역시 대단히 중요한 요소이다.

처리 난이도가 높은 클레임이 기업 최대의 약점

서비스 직원들에게 진지한 자세로 처리 난이도를 물어봐야 하는 이유는 간단하다. **가장 처리하기 힘든 클레임이 바로 기업을 위협하는 최대의 약점**이기 때문이다. 서비스 쪽이 아닌 다른 직무에서라도, '처리 난이도'라는 관점으로 직원들의 직무나 환경을 관리해주면 얻는 게 많을 것이다. 직원들이 가장 곤란해 하는 업무를 개선하면 기업 최대의 약점이 개선되는 것이다.

고객을 응대하며 이 사실을 느끼게 된 후부터 나는 위에서 언급했던 VOC 분류표를 이렇게 바꾸어 사용했다.

항의 내용	횟수	강력 항의 횟수	강력 항의 비율	평균 항의 강도	처리 난이도
배송 지연	83	25	30.1%	A	상
오배송	65	45	69.2%	B	중
결제 불만	23	2	8.7%	C	하
상품 불량	97	55	56.7%	D	상

정성적 평가 항목이 불완전하다고 트집 잡을 사람도 있겠지만 이런 정도의 판단은 담당자의 주관에 맡겨도 괜찮다.

① 강도　② 빈도　③ 처리 난이도

이 3가지 항목 각각의 최상위에 해당하는 클레임부터 하나씩 제거하다 보면 최단 기간 내에 가장 효과적으로 고객 만족의 정도를 끌어 올리고 또한 직원들의 업무 효율도 크게 개선할 수 있을 것이다. 좋아진 서비스 환경은 직원이 더 좋은 서비스를 구현하게 만들어준다. 즉, 선순환인 셈.

고객 만족 역시 같은 기준으로

불만의 강도, 빈도, 처리 난이도를 기준으로 개선해 나가는 방식은, 똑같이 고객 만족을 늘리는 데도 쓰일 수 있다. 하잘것없는 요소에 대한 집착을 버리고 강력하고 잦은 횟수의 만족을 줄 수 있는 요소를 만들어 나가는 것이다. 이에 대한 방식은 뒤의 '고객 만족/불만 요소 관리' 장에서 좀 더 다룰 것이다.

VOC를 채집하면서
나타나는 딜레마

이렇게 VOC를 채집하고 그 의미를 파악해도, 내부에서 적절히 공유가 안 되어버리면 적절한 반영 역시 이뤄질 수 없다.

정확한 VOC 수렴을 막는 내부의 적은 수도 없이 많다. 예를 들면 중간 관리자가 처치 곤란한 VOC를 은폐하고, 자기과시하기 좋은 것들만 상부에 보고한다든지, 아니면 파트간의 알력이나 견제 때문에 올바른 보고가 이루어지지 못하는 경우 같은 것들이 있다. 조직 내의 이러한 어둠의 장애물들은 어느 곳에서나 찾아볼 수 있는 비교적 흔한 병폐이다.

사실 조직에서 모든 골치 아픈 일의 핵심에는 인간의 어두운 심리가 자리하고 있다. 진짜 훌륭한 경영을 하기 위해서라면 절대 그것들을 외면해서는 안 된다. 우리에게 정녕 필요한 것은 거창한 이론이나 졸업장보다 인간의 어두운 심리를 제대로 직시할 수 있는 진솔한 마음가짐이라고 생각한다.

VOC는 기업의 약점을 까발린다

채집되는 수많은 VOC들은 정통으로 기업의 약점을 까발린다. 문제는 기업의 약점이란 바로, 지난 세월 동안 저질러진 누군가의 잘못으로 귀결된다는 데 있다.

기업의 약점 : 구성원 누군가의 잘못으로 귀결

나와 비슷한 일을 하는 한 친구를 만나 이런 대화를 나눈 적이 있었는데, 어이없지만 꽤나 리얼리티가 있는 이야기니 읽어보면 의미 있을 듯싶다.

나　：너 말야, 그렇게 고객 항의가 많이 들어오는데, 그 클레임들을 체계적으로 정리해서 위에 보고해본 적이 있어? 보아하니 너네 회사는 시스템이라는 게 아예 없는 곳 같은데 말이야.

친구 : 야야, 모르면 좀 닥치고 있어. 코딱지 만한 회사가 뭔 놈의 얼어 죽을 시스템이냐? 대기업이나 그런 게 되는 거지……

나　：너네 상사는 뭐라고 해?

친구 : 상사? 웃기고 있네. 야, 내 얘기 좀 들어봐. 내가 고객들이 문제 삼는 요소들을 정리해서 보고했다 치자. 근데 그걸 과연 관리자가 좋아할까? 야! 관리자가 원하는 건 언제나 듣기 좋은 달콤한 말뿐이라고. 당신이 경영해 온 사업에 이러저러한 문제가 있어 그 때문에 고객 불만이 빗발친다는 보고를 듣고 과연 좋아할 것 같아?

그리고 고객 응대만 하는 나로서는 그런 보고를 위에 올리면 다른 파트 직원들이 나를 어떻게 볼 것 같아? 내 보고 때문에 자기들이 위에서 까이거나, 할 일이 늘어날 텐데 그 짓을 좋게 보겠냐? 고객이야 돌려보내면 그뿐이지만 걔네들은 1년 365일 휴일 때 빼곤 매일 봐야 한다고. 차라리 좀 힘들어도 적당히 내가 수습하고 말지.

어처구니없지만 꽤 리얼리티 있는 얘기였다. 과연 당신의 회사는 어떠한가? 이런 문제가 전혀 없다고 자신할 수 있는가?

이처럼 구성원간의 정치적 입장 혹은 다른 파트 간의 알력 등이 어우러져 기업의 생명수와도 같은 VOC가 변질되는 경우는 계속 발생하게 된다. 기업이 직원들을 이용하는 것처럼, 직원 역시 최대의 목적은 자신의 생존이기 때문에 정치적 상황에 따라 VOC 정도는 얼마든지 뭉개버릴 수 있다.

그러나 이런 상황에 대해 직원들한테만 너무 뭐라 해선 안 된다. 어둠침침하지만 이는 필연적으로 발생할 수밖에 없는 심리이며, 이 모든 것을 직시해 경영에 반영할 줄 아는 사람이 우수한 경영자일 것이다. 폼 나는 외국 이론만 줄줄 왼다고 다 되는 게 아니다.

경영은 조직 약점과의 승부이다

경영은 조직의 약점을 드러내고, 드러난 약점을 없애기 위한 싸움이다. **약점을 없애는 것보다 약점을 드러내는 것이 훨씬 더 어렵다.** 경영은 기업 약점과의 승부이다. 그러나 약점을 들춰내면 반드시 누군가는 상처 받는다. 그렇다고 그냥 약점을 방치하면 고객이 떠난다. 이 냉정한 양자택일의 문제를 어떤 식으로 지혜롭게 풀어내는가가 바로 운영의 묘가 아닐까 싶다.

솔로몬의 지혜를 통해 VOC로 드러난 경영과 조직의 약점을 올바로 직시하고 공유하였다면, 고객 만족을 저해하는 가장 거대한 요소가 제거된 셈이다. 이제부터 필요한 것은 아주 약간의 단순한 테크닉뿐이다.

고객 불만 요소 정확히 없애기
고객 만족 요소 정확히 만들기

난관을 뛰어넘어 VOC를 정확히 수렴했다면 이제는 그것을 바탕으로 고객 만족 요소를 하나씩 창출해 가야 한다. 당연한 얘기지만 **고객 만족은, 고객 만족 '요소'를 만들어야 이뤄진다.** 이 '요소의 개수와 강도'를 늘릴 생각을 못하고 무작정 3류 CS 교육만 쑤셔 넣는 것이 바로 후진 기업들의 특징이다.

사실, 기업이 해야 할 일은 고객 불만 요소를 없애는 것과 고객 만족 요소를 만드는 일, 이 2가지밖에 없다고 해도 과언이 아니다. 고객 만족 요소를 가장 효율적으로, 가장 정확하게 만들어 나가는 방법은 기존 경영학 이론 틀 안에서 거의 무한에 가깝게 논의되던 부분일 것이다. 지금부터 나는 공부가 아닌 피부로 느낀 내용을 쓰려고 하는데 일부는 기존에 존재했던 이론들과 겹칠 수도 있다. 물론, 겹쳐도 별 상관없다고 생각한다.

MOT의 각 순간에 고객 만족 요소를 대입해보자

서비스 업무를 하는 사람이라면 누구나 다 아는 개념이 MOT다. 굳이 여기서 또 설명하는 것은 지면의 낭비일 터. 앞서 나는 고객 만족에 대해 언급하면서 '만족'을 5가지로 나누어 보았는데 다시 한 번 짚어보면 다음과 같다.

1. 유용함
2. 편리함
3. 감각의 만족
4. ego의 충족
5. 경제적 이익

바로 이 만족 요소들을 각각의 MOT별로 채워 넣는 것이다. 예를 들어 음식점의 MOT를 아래와 같이 가정해보자.

① 식당 문을 열고 들어서는 순간
② 들어와서 직원에게 인사를 받는 순간
③ 식당 초입에서 좌석 배치를 받는 순간
④ 지정된 좌석까지 걸어가는 순간
⑤ 좌석에 착석하는 순간

세분화하자면 더 많겠지만 이건 예시이므로 여기까지만 해보자. 이렇게 MOT를 쪼개고 난 후, 위에서 내가 언급한 고객 만족의 5요소를 대입해보는 것이다. 예를 들면 이렇게 하면 된다.

① 식당에 들어설 때 '유용함'을 제공해줄 것은 없는가?
② 식당에 들어설 때 고객이 '불편함'을 느낄만한 요소는 없을까? 혹은 더욱 '편하게' 해주려면 어떻게 해야 할까?
③ 식당 문을 열고 들어설 때 고객이 '불쾌감'을 느낄만한 요소는 없는가?

④ 식당에 들어서는 순간, '고객의 자아'를 충족시켜줄 방법은 무엇이 있을까?

⑤ 식당 문을 열고 들어서는 과정에서 고객의 '시간을 절약'해줄 방법은 없을까?(경제적 이익)

이런 식으로 MOT별로 고객 만족 요소를 만들거나 제거해줄 수 있다. 누구나 다 아는 기법이겠지만, 사실 별 쓸데없이 설파되는 여러 이론들보다 이거 하나만 제대로 시행해도 웬만한 고객 만족은 충분할 것이다.

반대의 경우인 불만 요소 제거도 마찬가지로, 내가 말한 불만족의 5가지 형태는 이랬다.

1. 낮은 효용성
2. 불편함(번거로움)
3. 감각적 불쾌
4. ego의 불충족
5. 경제적 손해

이것을 활용해 위와 같이 MOT에 대입해보면 될 것이다. 이것이 기본 원리이고 이 원리를 잘 적용시키기 위한 최적의 순서는 아래와 같다.

1번: 순간순간을 쪼개 MOT를 나눈다.
2번: 쓸데없는 MOT를 버린다.

3번: 남은 MOT들을 우선순위에 따라 정렬한다.

4번: 가장 중요한 MOT에서부터 만족 요소를 만든다.

5번: 가장 중요한 MOT에서부터 불만 요소를 없앤다.

이론쟁이들이 떠드는 온갖 이야기에 일일이 신경 쓰는 것은 에너지 낭비다. 당신이 입으로 먹고 살아야 하는 프로페셔널 이론쟁이라면 모르지만, 사업을 하는 사람이라면 내가 지금 이야기한 순서만 정확히 진행해도 원하는 바는 거의 이룰 수 있을 것이다.

MOT를 활용한 VOC 채집법

한 가지만 더 보너스로 얘기하면, 고객의 목소리도 위와 같은 'MOT분류→요소 대입' 방법으로 적절히 활용해볼 수 있다.

우선 채집된 VOC를 주요 MOT 분류에 따라 나누어본다. 이를 토대로 불만 요소 제거 및 만족 요소 창조 작업에 나서는 것이다. 이건은 이 정도 설명으로도 충분하기 때문에 굳이 예를 들지 않겠다.

제2장

직원들을 서비스에 헌신시키는 방법

불친절은 왜 발생하나?

어떤 일이든 잘되게 하기 위해선 쌍방향의 관점이 동시에 필요하다.

① 이 일을 잘하려면 어떻게 해야 하는가?

② 이 일이 잘 안 되는 이유가 대체 뭔가?

즉, Good과 Bad의 양쪽 원인을 동시에 분석해야 하는 것인데, 3류들일수록 Bad를 유발하는 인간의 어두운 마음을 적당히 묻어두려는 경향이 있다. 어두움을 직시하지 않는 3류 CS 강사에게는 언제나 절반만을 기대해야 한다.

그들을 뛰어넘어 진정 우수한 서비스 기업을 만들고 싶다면 우선적으로 제기해야 할 질문은 이것이다.

"대체 인간은 왜 인간에 대해 불친절해지는 것일까?"

서비스가 훌륭한 기업을 만들고 싶다면 가장 먼저 이 질문부터

불친절은 왜 생겨나는 것인가? 대부분 3류 CS 교육을 보면, 유명 기업의 번지르르한 사례를 줄줄 늘어놓기만 하고 뻔뻔히 돈을 받아간다. 그런 교육을 듣다 보면 별것도 아닌 내용 가지고 거들먹거리는 강사들의 모습에 일단 불쾌감이 느껴진다. 리츠 칼튼이니,

삼성이니, 유명 기업의 사례를 좔좔 펼쳐놓고는 있지만 그 모양새는 흡사 호랑이의 위세를 빌려 폼을 잡고 다니는 여우, 호가호위(狐假虎威)의 고사를 떠오르게 만든다. 그래서 "리츠 칼튼 서비스를 당신이 만들었소?" 하고 한마디해주고 싶지만 대놓고 얘기하기는 힘든 일이다.

자신이 관여하지도 않은 유명 기업 사례를 읊으며 거들먹거리는 3류 CS 강사나, 외국 교수가 만든 이론에 편승해 잘난척하는 이론쟁이나, 호가호위 여우의 꼬락서니를 보여준다는 데서는 쌍둥이처럼 닮아 있다.

둘째로 표면적 서비스 스킬 이외에 지속적으로 직원들이 훌륭한 서비스를 창조하게 만드는 근본 원동력에 대한 얘기가 쏙 빠져 있어서 매우 허탈하다. 그것을 일부러 안 다루는 것인지, 지성이 딸려 생각하지 못하는 것인지 나로서는 알 수 없다.

당장 우리에게 필요한 것은, 어설프게 유명 회사의 서비스를 따라하는 것이 아니다. 그보다 가장 우선적으로 인간이 인간에게 불친절해지게 되는 근본적인 이유에 대해 생각해보아야 한다. 이 문제를 짚지 않고 어찌 지속적이고 안정적인 서비스 품질을 유지할 수 있을까?

핵심을 구체적으로 파헤치는 해결책이 필요

가끔 그런 가게가 있다. 수십 명이나 되는 직원의 표정이 한결같이 밝고, 기괴망측한 진상 고객들이 밀려와도 여유롭게 웃어 보이는 직원들로 넘쳐나는 가게. 정말 있다. 사람의 밝은 표정에는 2가지 종류가 있는데, 트레이닝과 압박으로 억지로 꾸며낸 것과 진정한 만족에서 나오는 것이 그것이다. 개인적 취향 차원의 얘기지만 나는 전자에 해당하는 밝은 표정을 슬픈 얼굴보다 더 싫어한다. 나아가 슬픔을 마음 놓고 표현할 수도 없는 정신의 굴레가 보이면 더더욱 마음이 서글퍼진다. "슬퍼도 웃어라. 그래야 옆 사람의 마음이 편치 않겠는가?"라는 얘기를 하는 사람들도 있지만 차라리 솔직하게 슬픔을 표현하는 것이 덜 가슴 아픈 것이 아닐까? 타인에게 감정의 절제를 강요하며 폼을 잡는 인간들이 많지만, 실상 그들은 단지 타인의 아픔을 끌어안을 마음의 넓이를 갖고 있지 못해서 그런 말을 해댈 뿐이다. 타인의 감정을 있는 그대로 허하는 사람이 바로 대인, 불허하는 사람이 바로 소인배인 법.

간혹 보면 산적한 직원들의 고충이나 불합리한 프로세스는 전혀 손도 대지 못한 채 그저 "으하하! 웃어! 웃어보라고!"라는 말만 무턱대고 강요하는 관리자도 있다. 웃으면 만사가 해결된다는 식의 얘기는 사이비 유머 강사가 하면 좋을 말이긴 하지만, 기업을 경영하는 사람이 내뱉을 대사는 아니다. 무능한 경영자가 관리하는 조직일수록, 특히 서비스 직무에 있어서는 이런 허황된 이야기가 사기 만병통치약처럼 남발될 가능성이 크다.

흔하게 말하는 이유들

그렇다면 직원이 고객에게 불친절하게 대하는 이유를 짚어보자. 일단 아래의 2가지를 꼽을 수 있다.

1. **직원의 인격적 결함**

2. **CS 교육의 부재**

이 2가지가 사람들이 머릿속에 금방 떠올리는 가장 흔한 이유로,
"저 직원은 왜 태도가 저따위야? 왜 저리 마음씨가 못된 거야? 교
육 다시 시켜, 아님 잘라버리던가. 왜 저 따위 놈을 뽑아가지고."라
는 결론이 제일 쉽게 내려진다. 전형적인 3류 경영 마인드다.

그러나 그런 단순한 결론에서 사고를 중단하지 말고, 한 발짝 더
파고들어야 한다. 일반적 생각, 남들이 흔히 내려버리는 결론, 거기
서 한 걸음 더 내딛는 것이야말로 우리 자신을 발전시키는 유일한
길이다.

위의 사례처럼 많은 경우 우리는 대부분의 불친절을 해당 직원
개인의 인격 문제 혹은 교육의 부족 때문이라고 치부해버린다. 물
론 거기까지밖에 사고를 못 펼친다 해서 기본적인 상상력조차 결여
된 무뇌충이라고 비판할 생각은 없다. 다른 모든 것과 마찬가지로
인간의 사고 역시 '필요'에 의해서 발생하기 때문에 일반인들 및 3
류 경영자들이 거기까지밖에 생각하지 못하는 이유는 그저 생각해
야 할 필요성을 느끼지 못해서 그런 것일 뿐이다. 직원 복지에 대해
아무 생각이 없는 경영자라도, 부동산 투기에는 천재적 두뇌 활동
을 보여주기도 하니 말이다.

그런 의미에서 나는 고객들에게 강력한 욕을 들어보지도 않고
CS를 떠벌이는 인간들은 절대 믿지 않는다. 그들의 뇌는 그들만의
필요에 의해 멋대로 발달되어 온 것이므로, 내가 그들에게서 진짜
유용한 CS의 지혜를 얻을 수는 없을 것이기 때문이다.

최일선 서비스 직원들에게 '필요'란 고객의 틈바구니에서 쟁취해야 할 힘겨운 생존이고, 이론쟁이나 3류 CS 강사들의 '필요'는 적당한 잘난 척과 폼 잡기를 통해 돈을 뜯어내는 것이다. 서로의 필요가 다르니 그어지는 것은 당연히 영원히 만나지 않을 평행선일밖에.

친절할 수 있도록 만들어주는 것

직원의 인격적 결함, 교육의 부재 말고 정말로 직원이 불친절해지는 근본 원인은 무엇일까? 그것까지도 다 포함해서 한 번 있는 대로 이야기해보자.

1. **직원의 인격적 결함**
2. **CS 교육의 부재**
3. **엉망진창 CS 환경(신체적·감정적 자원 고갈)**
4. **동기부여의 부재**

이 4가지 원인을 타파하면 평균 이상의 좋은 서비스는 무난히 달성될 것이다. 트레이닝 따위는 아주 약간이면 족하다.

일단 첫 번째 요소부터 순서대로 타파법을 생각해보도록 하자. 그러나 나는 경영상의 중요도로 따지자면 위의 순서에서 정확히 역순이라고 본다.

① 직원의 인간성 자체가 문제라면?

이 책에서 줄기차게 3류 CS 강사와 관리자들을 비판해 왔지만, 그렇다고 서비스 직원들이 모두 천사라는 이야기는 아니다. 분명히 비정상적인 나쁜 직원도 있을 수 있다.

사실, 애초에 성격이 도저히 서비스에 맞지 않는 직원들이 있는데, 이 문제는 처음부터 선한 성품의 직원을 뽑으면 해결될 것이다 (이런 뻔한 얘기에 책을 집어 던지지 말고 조금만 더 읽어보자.) 하지만 한두 번의 면접으로 사람의 인성을 파헤치는 것은 극히 어려운 일. 몇 년간 연애해서 결혼하고도 이혼하는 커플이 수두룩한데 고작 한 번 봐서 사람을 어찌 알겠는가?

여담이지만 대부분 대기업의 인재 선발 시스템은 한심스런 결함을 가지고 있다. 기본적으로 특출 난 인재를 놓치는 잘못은 티가 안 나는 반면, 이상한 녀석을 뽑으면 대번에 눈에 띄게 되기 때문에 채용 담당자는 방어적이고 보수적인 태도를 취할 수밖에 없다. 따라서 특히 덩치 큰 기업일수록 채용 시스템은 우수한 사람을 뽑는 게 아니라, 결격 미달의 사람을 배제하는 식으로 구축되어 갈 수밖에 없다. 그 배제의 기준도 지극히 천편일률적이다. 실제로 대기업에 합격한 사람들 무리를 보면, 어찌 이렇게 비슷한 인간들만 모아놓았을까 싶을 정도다.

물론 그렇다 하여, 그게 꼭 잘못된 행위라고만도 볼 수 없다. 내가 이렇게 비판은 해댄다고 해서, 서비스에 최적화된 인간을 귀신처럼 골라내는 방법을 제시하려는 것도 아니다. 세상에 그런 게 어디 있겠는가? 다만 수년간 고객 응대 업무를 해오면서 느낀 점 몇 가지만 얘기해볼까 한다.

우선 첫째로 영업이 아닌 응대 서비스의 경우, 필요한 성격적 특질은 '수용적 자세'이다. 여기서 말하는 '수용'은 윗사람 시키는 대로 마네킹처럼 따라하는 그런 의미의 수용이 아니다. 말하자면 커뮤니케이션의 우선순위에 대한 이야기다.

커뮤니케이션의 순서라는 면에서 봤을 때, 인간은 2가지 부류로 나눠볼 수 있다.

1. **자신의 의견을 먼저 표출한 다음에 상대의 의견을 듣는 유형(선표출형 인간)**
2. **상대의 의견을 먼저 듣고, 그 다음에 자기 의견을 피력하는 유형 (선수용형 인간)**

사람이 악한지, 선한지는 쉽게 알 수 없지만 십여 분만 대화해보면 상대방이 위 2부류 중 어느 쪽에 해당되는지는 파악해 낼 수 있다. 영업이 아닌 응대 서비스에 적합한 사람은 두말할 나위 없이 2번형 인간이다.

물론 대부분의 사람들은 1번인 '선표출형 인간'이다. 나는 지금은 완전한 선수용형 인간이 되었지만 이것도 후천적 절차탁마의 결과로, 원래는 선표현형 인간이었다. 중요한 것은 먼저 자신의 의견부터 토해내려는 당연한 습성을 살면서 얼마나 교정했느냐 하는 부분으로, 그런 노력이 몸에 배어 있는 사람이 서비스 업무에 적합한 사람이다.

또 하나, 말이 빠르지 않은 사람을 뽑는 게 좋다. 기본적으로 말이 빠르다는 것은 성격이 급하다는 뜻이다. 이런 사람은 고객의 클레임이 터질 때 맞대고 폭발할 가능성이 크며, 고객의 입장에서도 직원의 말이 빠를 경우 성의가 없다는 인상을 받기가 쉽다. 그렇다고 하염없이 말이 느린 사람을 뽑으라는 건 아니다. 느린 사람이 아니라 빠르지 않은 사람을 선택하라는 얘기다.

② 교육의 부족이 문제라면?

그 외에도 직원이 불친절해지는 이유 중 두 번째로 많이 거론되는 것이 바로 교육의 부족이다. 우리는 흔히 불친절한 점원을 만날 때, "이 가게는 직원 교육 안 시키나?"라는 말을 하곤 한다. 물론 그런 단순한 반응은 인간과 조직, 경영에 대한 고민 상실에 다름 아니다.

물론 나는 교육의 필요성 그 자체를 부정하진 않는다. 다만 다짜고짜 교육부터 들이대기에 앞서, 일선 종사자들을 **교육시켜야 할 대상이 아니라, 함께 좋은 서비스를 이룩해 나가는 파트너로 인식**하자는 얘기를 강하게 하고 싶다. 고객 만족을 위해 함께 토론하는 동반자가 아니라, 직원을 언제까지고 **교육시켜야 할 하등한 대상**으로만 바라본다면 이미 그 조직은 발전의 길이 막혔다고 봐도 좋다.

그래도 굳이 교육을 해야겠다면 3류 CS 강사, 사이비 유머 강사, 비주얼 이미지밖에 떠들 줄 모르는 단세포 강사들을 배척하고 진정으로 '기업-고객-직원'이 모두 행복해지는 방법을 고민하는 사람으로 섭외를 해보도록 하자.

환경과 동기를 외면하는 CS 강의는 아무리 날고 기어봐야 3류이다. 환경과 동기를 외면하지 않으면서 행해지는 교육이야말로 최고의 CS를 가능하게 하는 유일한 방법이다.

③ 환경을 외면하면 서비스도 없다

위의 2가지 이유가 누구나 말할 수 있는 것들이라면, 지금부터 제시할 이유들은 알려고만 하면 충분히 알 수 있으되, 좀처럼 알려고 듣지 않는 내용이라 하겠다.

언제나 회사 근처에서 점심을 먹을라치면 늘 보게 되는 광경은, 수많은 손님들 틈바구니를 누비며 온갖 고생을 하는 식당 점원들의 모습이다. "조금만 기다려주세요. 제가 몸이 하나라서요. 몸이 하나밖에 없어요!!"라고 외치는 광경을 정말 매일같이 본다. 비록 점심 한때지만 엄청난 속도의 노동을 하고 있는 그분들의 모습은 절로 마음을 숙연케 한다. 이제부터 이 책을 함께 읽는 우리만이라도 밥 먹을 때 음식 맛에만 집중할 게 아니라 점원분들의 노고에 감사하는 마음을 가져보면 어떨지.

환경을 외면한 CS 교육, 한심하다기보다 잔인하다

"제가 몸이 하나라서요!!!"라고 외칠 수밖에 없는 최일선 서비스 직원들에게 가해지는 흔해빠진 3류 CS 교육은 한심하다기보다 거의 잔인하다. 3류 CS 교육을 듣고, "웃기고 자빠졌네, 내가 이 상황에서 그렇게까지 하리? 바랄 걸 바라라."라고 중얼거리는 사람도 본 적이 있다. 이것이 대다수 서비스 업체들, 그리고 서비스 종사자들이 처해 있는 현실이다.

열악한 환경이 불러오는 **서비스 과부하는** 비단 점원에게만 피해를 주는 게 아니다. 고객 입장에서도 여간 불편하지 않다. 물론 영세한 기업에서 직원을 마구 늘리기도 어려울 것이기에, 그것도 이해하지 않을 수 없다. 참으로 답답한 현실이다.

서비스 과부하는 필연적으로 불친절을 부른다

육체적-감정적 과부하는 서비스 최악의 적이다. 직원의 타고난 인격과 교육의 부재보다 훨씬 더 서비스를 엉망으로 만드는 요소는 바로 환경이다. 위에서 언급한 영세 식당의 사례에서라면 내가 해도 절대 친절을 장담할 수 없다. **환경을 외면하고는 그 어떤 서비스도 말할 수 없는** 것이다.

사실, 단순한 업무량 과다보다 더 질적으로 나쁜 문제는 육체적-감정적 과부하인데, 도저히 어쩔 수 없는 부분은 포기하더라도 낭비, 즉 불필요하고 불합리한 감정자원의 낭비는 최대한 줄이려고 노력해야 할 것이다. 이에 대해서는 1장에서 충분히 언급했기 때문에 여기선 이만 줄인다.

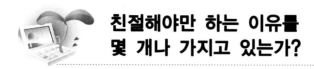

친절해야만 하는 이유를 몇 개나 가지고 있는가?

이제 마지막 남은 것은 네 번째 이유다. 경영이라는 것에 있어 가장 의미 있는 이유, 그리고 가장 중요한 요소이다.

친절하게 해줘봐야 돌아오는 게 없는데 뭐 하러 친절할까?

이 세상에 동기 없이 발생하는 행동은 하나도 없다. 명탐정 포와로가 살인 사건을 조사할 때, 늘 범행 동기가 있는 사람부터 조사하지 않던가? **직원들이 친절하게 행동하기 바란다면 당연히 친절해야 할 이유, 동기를 만들어주어야** 한다. 이 요소를 최대한 많이, 강한 것으로 만들어주는 이가 훌륭한 경영자다. 두말할 필요도 없는 일이다.

친절해야 할 이유가 몇 가지나 있는가?

인생에 있어서 좋은 건 많을수록 좋은 법이다. 사랑도 많을수록 좋고, 즐거움이나 기쁨, 평화도 많을수록 좋다. 직원을 친절하게 만들기 위한 동기 역시 많으면 많을수록, 강도가 강하면 강할수록 좋다.

"월급 주는데 뭘 더 바라?"라는 말밖에 하지 못하는 관리자는 말하자면 동기를 딱 1개만 주고 있는 셈이다. 역사적으로 뛰어난 군

사 지도자들은 천변만화의 다양한 계책을 가지고 있었다. 손자가 추앙받는 이유는 일단 그가 가진 계책의 숫자가 많았고, 그것들을 시의 적절하게 활용했기 때문이다. **보다 다양하게, 보다 강력하게!** 동기부여 요소를 만들어 주는 기본 원리이다.

동기부여 정책 없이는 열심히 일할 수 없다

동기부여의 양대 축은 ① **재미** ② **보상**이다. 재미도 없고 보상도 없다면 절대 동기는 발생하지 않는다. 그러나 일에서 재미를 찾기란 어려우므로 우리는 보상을 통해 접근을 시작해야 한다.

실제로 최일선 서비스 업무를 하는 분들이 받는 보상은 그 어떤 직무 종사자보다도 낮은 편이다. 대단히 안타까운 일이지만 우리네 현실이 그렇다. 낮은 보상은 서비스 의욕을 감퇴시키고, 저하되는 의욕 속에서 성과를 내기 위해 강도 높은 질책이 가해진다. 그 질책은 다시 직원들의 감정자원을 고갈시켜 총체적 비즈니스의 발전을 가로막는다. 이것이 대부분 기업들에서 벌어지는 악순환이다. 그리고 대부분의 관리자들은 이 악순환 속에서 '더 강력한 질책'이라는 카드를 통해 성과를 유지하려 안간힘을 쓴다.

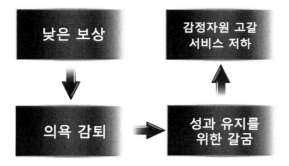

　어떻게든 단기적으로라도 성과가 떨어지면 안 되는 기업 상황 속에서 '갈굼과 조임' 방식은 무한한 정당성을 부여받곤 한다. 그 속에서 관리자들은 인간적 증오를 받게 되는 경우도 있지만, "일을 위해서라면 어쩔 수 없다. 당당히 증오를 받아드리리"라며 폼 나는 자기 정당화를 하는 사람도 많다. 얼핏 프로페셔널한 멘트처럼 들리지만, 사실 이는 리더의 논리라기보다 일제강점시대의 강제징용 담당자들이 썼을법한 논리다. 진정한 리더는 그런 **어설픈 프로페셔널리즘에 사로잡히지 않는 법**이다. 인간을 괴롭게 한다면 그건 프로페셔널리즘이 아니라 나치즘이다.

질책보다는 동기를

　갈굼, 압박, 조임 등의 카드는 뚜렷한 장점이 있기 때문에 오늘날에도 끊임없이 애용되고 있다. 그 장점은 인정하는 바이지만, 그에 반하는 단점이라면 대략 이런 것이다.

1. 직원의 감정자원을 고갈시키고 심신의 피로를 증가시켜 발전적 업무 수행을 할 에너지를 뺏어간다.
2. 질책을 남발하는 상사는 부하로부터 인간적 증오를 받게 된다.
3. 투쟁적 인간관계는 심신의 건강을 크게 해친다.

실제로 어떤 실험에서 극도의 스트레스를 받은 사람의 호흡 물질을 질소로 얼려 성분을 분석해보았다. 그랬더니 놀랍게도 그 안에 수십 명을 죽일 수 있는 독성분이 검출되었다 한다. 이 결과대로라면, 허구한 날 동료들에게 정신적 압박을 주는 사람들은 거의 살인자에 가까운 행동을 하며 살고 있는 셈이다. 물론 그런 의학적 요소 이외에도 다음과 같은 단점도 추가된다.

4. 정신적 압박을 받는 부하직원은 늘 조직 일탈을 꿈꾸게 되어, 업무 몰입도가 크게 떨어지게 된다.

이 역시 물이 위에서 아래로 흐르는 수준의 지당한 이야기다. 인간적으로 상처를 주지 않고 성과를 이끌어 낼 수 없는 사람을 우리는 무능한 리더라고 부른다.

인간의 본질적 감정을 외면해서는 안 된다

상술한 갈굼 방식의 부정적 동기부여라면, 인정과 보상은 긍정적 동기부여라 할 수 있을 것이다. 당연히 우리는 부작용이 없는 긍정적 방법을 더 애용해야 할 것이다.

톡 까놓고 솔직하게 말해서 직원의 입장에서 보면 "고객은 사장 고객이지, 내 고객이 아니잖아?"라고 충분히 생각할 수 있다. 아니, 당연히 그런 생각이 들 수밖에 없다. 당신은 이 사실을 회피하는 인간인가? 아니면 받아들일만한 포용력이 있는 인간인가?

인간의 본질적 감정을 무작정 부정한 것으로 몰아가면 안 된다. 위와 같은 생각은 누구나 할 수 있는 생각이다. 직원들은 단지 그렇게 보이지 않으려고 노력할 뿐이다. 이 사실을 인정하고 직시하느냐 못하느냐가 바로, 대인배 경영자와 소인배 경영자를 나누는 기준선이 된다. 고객 응대 직원들이 위와 같은 마음을 갖는 것이 악하고 책임의식이 없어서 생기는 것인가? 절대 아니다. 인간의 당연한 감정을 이해하지 못하고 그저, "못돼먹은 녀석들!!"이라고 윽박지르기만 하는 사람은 절대 뛰어난 경영자가 될 수 없다. 지루한 훈계나 늘어놓으며 부하들에게 조소나 받으며 살아갈 뿐.

직원 입장에서야 고객에게 잘해주건 못해주건 별 차이가 없는 정책으로 기업이 굴러가고 있다면 백날 3류 CS 교육을 들이대 봐야 서비스 향상은 이뤄질 수 없다. 발생되지 않는 원동력을 끌어올리기 위해 가장 무식한 방법인 질책과 갈굼을 사용하곤 하지만 그 방법은 아무도 행복하게 만들 수 없다.

서비스
동기부여

오늘도 수많은 고객과 몸을 부딪치고 있는 창구, 서빙, 콜센터 직원들 중 서비스 퍼포먼스에 따른 추가 보상을 받고 있는 사람은 얼마나 될까?

그 어떤 직무보다 값싼 봉급과 처절한 감정노동의 파고에 시달리면서도, 3류 CS 강사와 저질 관리자들의 훈계를 묵묵히 감내해야 하는 종사자들의 모습을 볼 때면 마음이 너무나 착잡해진다. 과연 이런 감정은 나만 하는 것일까? 몇몇 대기업의 사례를 들면서 '그렇지 않은 곳도 많다'는 식의 얘기는 하지 마라. 한번 당신이 쳐다보는 그 유명한 회사들 말고 다른 곳도 둘러보라. 과연 우리네의 진짜 상황이 어떤지.

일이 잘되려면?

사업이 잘되려면 ⇨ 직원이 열심히 일해야 하고 ⇨ 열심히 일하려면 동기부여가 되어야 하고 ⇨ 동기부여를 시켜주려면 ⇨ **적절한 보상이 있어야 한다.** 중간 부분을 빼고 문장을 쓰면, '사업이 잘되려면 ⇨ 보상이 있어야 한다'는 문장이 된다. 이건 모든 사업에서 가장 중요한 요소 중 하나로, 이걸 고민하지 않고는 경영을 잘하고 있다고 할 수 없다. HRM 중 이것을 다룬 이론은 넘치도록 많을 것이다. 서비스 쪽에도 아마 꽤 있을 것이지만…….

그런데 어찌된 일인지 대부분의 서비스 기업에서는 보상은 뒷전이고 태도 교육만이 우선시되고 있다. "모든 문제는 네 서비스 마인드가 부족하기 때문이야. 그러니까 앞으로 더 분발하렴. 따라 해라, 스마일~" 하는 식의 교육만이 폭탄처럼 투여되고 있다. 왜 그럴까? 열 번의 교육보다 한 번의 제대로 된 보상이 서비스 마인드를 더욱 투철하게 해줄 것이라는, 그 당연한 생각을 하지 못하는 이유는 뭘까?

필요한 건 칭찬이 아닌 보상

아랫사람은 적당히 갈궈줘야 조직이 잘 돌아간다는 식의 구태의연한 방식이 비난을 받고, 질책이 아닌 칭찬의 리더십이 중시되고 있다는 것도 이젠 옛날 얘기다. 이제 더 이상은 겉치레 칭찬에 눈물 짜며 감격해할 직원은 없다. 칭찬의 리더십 시대는 끝났고, 이젠 보상의 리더십 시대를 맞이하고 있다.

서비스에 국한하지 않고 모든 직무에 적용되는 얘기겠지만, 사실 부하직원의 퍼포먼스를 향상 수 있는 방법은 원래 3가지밖에는 없었다.

1. **감시를 통해 낮은 퍼포먼스를 보인 직원을 징벌한다.**
2. **발견을 통해 좋은 퍼포먼스를 보인 직원을 포상한다.**
3. **교육을 통해 효과적인 퍼포먼스 방법을 알려준다.**

감시와 징벌을 통해서도 꽤 효과를 거둘 수 있지만 거기에는 치명적 약점이 있다. 직원들의 감정자원이 고갈된다는 결정적인 문제점 외에도, 감시의 눈길이 닿지 않는 곳에서는 오히려 형편없는 퍼포먼스를 번식시킬 위험도 있다는 점이다. 개중에는 직원의 반발심리가 발동하여, 은밀한 곳에서 더욱 형편없는 업무 수행이 벌어질 수도 있다. 그런데 감시라는 것은 아무리 완벽하게 해도 모든 영역을 완벽하게 관리할 수는 없는 법이다.

물론 협박과 징벌로도 어느 정도까지는 사람을 끌고 갈 수 있다. 그러나 얼핏 "먹고 살기 위해서 프라이드 따위는 헌신짝처럼 내팽개쳐야 한다"는 논리가 득세하는 것 같지만, 인간의 자부심은 그런 논리보다 훨씬 세다. 다만 잠시 숨을 죽이고 있을 따름이다. 부하직원들에게 "내가 먹고 살기 위해 지금은 참지만 두고 봐라. 기회만 되면……"이라는 생각을 갖게 만든다면, 언젠가 그 폐해는 관리자 그리고 그 기업에 고스란히 되돌아갈 수 있다. 당신의 조직에는 이런 생각을 가진 사람이 얼마나 될는지? 서비스 직원 중 몇 %가 이러한 생각을 가지고 오늘도 고객을 만나고 있을까?

감시와 징벌의 방법은 짧은 기간, 좁은 영역에서는 효과를 발휘하지만, 장기적이고 폭넓은 효과를 기대하기는 어려운 방법이라고 볼 수 있다.

직원에 대한 처우와 서비스는 정비례한다

내가 관리자의 고충을 모르고 너무 심하게 비난한다고 욕할 수도 있을 것이다. 물론 그 말도 일리는 있지만 나는 기본적으로 더 많은 권한과 권력을 가진 사람이, 역시 더 많은 고민을 해야 할 의무를 지니고 있다고 생각한다. 아니라고 생각한다면 뭐 어쩔 수 없는 것이지만.

서비스는 기본적으로 마음과 마음이 부딪히는 장이다. 관리자가 갈굼과 압박으로 직원들의 마음을 헝클어놓는다면, 어떻게 풍부한 감성의 서비스가 가능하겠는가? 직원의 심리적 고통은 고객에게 있는 그대로 투영되는 법이다.

같은 값이라면 직원들의 잘못을 감시하고 질책하는 데 소요되는 자원을 차라리 보상으로 연결시켜주는 것이 효율적이다. 일단 서비스 직원들이 자신의 굿 퍼포먼스를 위로부터 인정받는다는 느낌을 받게 되면 서비스 질은 자연히 올라간다. 직원의 고통이 고객에게 그대로 투영되는 것처럼, 직원의 기쁨 역시 고객에게 투영되기 때문이다.

세상에는 고객에게 진심이 실린 좋은 서비스를 하는 분들도 많이 있다. 그런 경우는 대부분 해당 기업이 담당 직원의 대해 금전적·심리적·명예적으로 높은 보상을 해주고 있음을 알 수 있다. 그런 것도 제공하지 않으면서 마음으로부터 우러나오는 친절함을 요구한다?? 그건 도둑 심보다. 경영을 도둑 심보로 해서야 되겠는가?

셀프 모티베이션을 강요하는 것은 경영의 포기이다

너무나 많은 일선 서비스 종사자들이 빈약한 동기부여로 인해 애를 먹고 있다. 친절하게 하건, 욕만 안 먹을 정도로 설렁설렁 넘기건 아무런 차이가 없는 것이 대부분 조직의 모습이다. 나는 간혹 가다가 그런 동기 부여의 공백 상태에서 이러한 셀프 모티베이션을 하는 분도 본 적이 있다. 그분은, "지금 내가 괴로운 것은 과거의 인덕이 부족했기 때문이다. 내가 지금 이 일을 하면서 최대한 친절을 베풀면 언젠가 그 인덕이 쌓여 나에게 돌아올 것이다" 라는 자기 최면을 걸며 일을 하고 있었는데, 상당히 가슴이 짠했었다. 아마 비슷한 고충을 겪고 있는 사람들은 이러한 기분을 이해할 수 있을 것이라 생각한다.

적어도 당신이 합리적 경영 마인드를 가진 리더라면 부하직원이 셀프 모티베이션을 하도록 내버려둬서는 안 된다. 셀프 모티베이션을 강요해서도 안 된다. "고객이 행복해하는 모습을 보면서 보람을 찾으세요" 하는 식의 3류 CS 강사들이 많이 떠드는 얘기도 다 따지고 보면 셀프 모티베이션의 강요이다. 직원에 대한 모티베이션을 창출해주는 일이야말로 기업 내 모든 제도의 제1 고민이 되어야 하는데, 제도를 만들 권한도 없는 직원에게 그 책임을 떠넘기는 것은 경영자의 도리가 아니다. 3류 CS 강사들이 폼 잡으며 떠드는 셀프 모티베이션에 대한 이야기는 사실은 치사한 책임 회피에 지나지 않는 것이다.

직원에게 책임을 떠넘길 경우 발생하는 문제

그러나 엉망진창 서비스를 보인 직원이 눈에 띄면, 대부분의 사람들은 해당 직원의 서비스 마인드 부족을 욕하는 근시안적 태도를 취한다. 예를 들어 형편없이 고객을 응대한 직원이 있고 그 직원이 다음과 같은 상황이라고 하자.

1. 업무의 가치와 공로를 조직에서 인정받지 못하고 있고,
2. 급여, 보상이 조직 내에서 상대적으로 적다면?

이런 환경 조건에서 감시와 협박만 횡행하는 조직이라면, 직원이 누가 되었건, 눈에 띄는 곳에서만 친절한 척하려 들 것이다. 눈에 띄지 않는 곳에서도 필요한, 고객에 대한 세심한 배려를 자발적으로 수행할 이유가 전혀 없게 된다. 이런 인간의 감정에 대해서, "돈 받아먹는 직장인으로서의 태도가 글러먹었군."이라고밖에 생각하지 못한다면 당신은 덜떨어진 경영자임에 분명하다. 어둡고 밝은 모든 인간의 본성을 외면하지 않고, 그를 비즈니스에 적극 적용할 수 있는 사람만이 진짜 경영자로 불릴 자격이 있는 것이다.

물론 모든 직원은 다 천사이고, 관리자들은 전부 악랄 이기주의자라는 건 아니다. 그러나 특히 서비스에서의 문제를 직원들의 못된 마음씨로 떠넘겨버리는 태도는 조직의 발전적 성장에 아무 도움이 되지 않는다. 그런 식이라면 채용 시 운 좋게 착한 사람이 뽑히면 고맙고, 그게 안 되면 운이 나쁘다는 그 이상의 이야기를 할 수 없게 된다. 그게 뭐하자는 것인가? 기업 경영의 모든 것을 채용에 걸 것인가?

세계 일류 기업들은 그 수많은 직원들을 다 기가 막히게 착하고 유능한 사람만 뽑아서 그렇게 성장했을까? 과연 입사 과정에서 그 사람의 본성을 어느 정도까지 꿰뚫어볼 수 있다고 생각하는가? 인간의 진실을 짧은 시간에 간파할 수 없으니 학벌, 학점, 토익 같은 한심스런 기준으로 사람들을 줄 세우고 있는 게 아닌가?

일류 기업과 삼류 기업의 차이는 어마어마한데, 그 차이가 구성

원들의 타고난 보유 역량 차이로만 판가름 난다고는 도저히 생각할 수 없다. 구성원들의 역량보다는 오히려 그 회사가 가지고 있는 **제도와 정책**이 조직의 성패를 판가름하는 기준이 되는 것이다.

그러니 무작정 직원들의 마인드부터 탓하는 그 썩어빠진 버릇부터 고쳐야 한다. 그러나 **책임을 부하직원의 역량 문제로 떠넘기는 데 익숙한 일부 저질 관리자**들은, 여전히 업무의 질을 높이기 위해 감시를 통한 압박, 질책의 방법을 애용하고 있다. 그러나 감시를 통한 공포경영은, 모든 경영 방법 중에서도 가장 하책이다. 마치 손자가 성을 공격하는 것이 용병의 최하책이라고 말한 것과 비슷하다.

함께하는 동료들 모두가 더 행복해질 수 있는 발전적 방법을 고민하는 것이 리더의 역할이고, 그런 고민을 하지 않는 사람은 리더라 불릴 수 없다. 스스로 리더이길 포기하고 폭군이 되기를 자처하는 사람들이 아직도 이 세계엔 많으니 그저 안타까울밖에. 그런 사람들에게 내가 해주고 싶은 말은 바로 이 한마디다.

질책보다는, 깊은 타이름이 효과적이다.

따뜻하고
영리한 방법

직원의 퍼포먼스를 끌어올리는 2가지 방법이 있다.

1. 감시를 통해 징벌하는 방법
2. 발견을 통해 보상하는 방법

길가는 사람 누구를 붙잡고 물어봐도 2번이 옳다고 할 것이다. 그러나 실제 기업에서 횡행하는 하는 것은 1번이다. 대체 왜 그럴까? 가장 큰 이유는 믿음의 부재다. 야구 감독 기사 등에서 흔히 보게 되는 '믿음의 리더십' 같은 단어는 실제 기업에선 찾아보기 힘들다.

물론 사람을 믿는다는 것은 꽤나 어려운 일이다. **믿음에는 리스크가 따르기** 때문이다. 거느리는 사람이 많을수록 그 모두를 믿기는 더 어려울 것이다. 관리자 역시 자신의 재산과 명운이 걸려 있는데, 그 입장 역시 이해하지 못하는 바는 아니다. 당장 부하직원을 감시하고, 압박하고, 쪼아대서 실적을 만들 수밖에 없는 그 절박한 심정. 얼마나 힘들 것인가?

그러나 그러한 상황을 컨트롤하는 것이 바로 그릇이고 지혜이다. 자기 그릇으로 감당치 못하는 자리에 오른 사람일수록 화를 자주, 많이 내기 마련. 질책하기보다 부하직원들이 능동적으로 일을 열심히 할 강력한 동기 요소를 창조해주면 상대적으로 화를 덜 낼 수 있지만, 대부분이 그런 지혜를 고민해내지 못한다.

그러나 부득이하게

그러나 감시, 압박, 질책 등을 사용할 수밖에 없는 상황이라면 나는 이러한 전제 조건을 제안하고 싶다. '감시-징벌'의 제도가 하나 있다면, '발견-보상' 제도는 3개 정도 만들라는 것이다.

사람이든 과일이든 육즙을 너무 쥐어짜면 더 나올 게 없어지는 법이다. 기업의 장기적 발전을 위해 과육 즙을 쥐어 짤 것이 아니라 씨앗을 번식시켜 더욱 풍성한 밭을 만들어 나가야 하는 것이 경영자의 책무다. 특히 인간의 마음과 마음이 부딪히는 서비스업에서라면 더욱 그런 면이 필요하다.

그러기 위해 필요한 것은 **영리하면서도 동시에 따뜻한 제도**이다. 영리함과 따뜻함, 이 2가지를 동시에 유념하는 리더만이 '존경과 성과'라는 2개의 과실을 함께 맛볼 수 있다.

따뜻한 제도란 보다 많은 플러스 피드백

기업 내에 존재하는 모든 제도의 목적은 직원이 더 일을 잘하게 만들기 위한 것이다. 일을 잘하게 만든다는 것은? 잘하면 보상해주고 못하면 수정해주는 피드백이라는 의미다. 어린아이들을 가르칠 때도 마찬가지지만, 인간의 행동에 변화를 주기 위한 유일한 방법은 기존에 해 왔던 행동에 대해 어떠한 피드백, 사후 자극을 주는 수밖에 없다.

어려서부터 우리가 접해 온 가장 흔한 피드백은, 잘못을 저질렀을 때 얻어맞는 것이었다. 그러면 피드백의 고통이 무서워 잘못을 더 이상 저지르지 않게 된다. 나는 이런 피드백, 즉 당사자에게 신체적·정신적·물질적 해가 가해지는 피드백을 공포형 피드백이라고 부르겠다. 반면 성적이 오르면 게임기를 사주는 것과 같은 보상의 피드백을 위와는 대비되는 **플러스 피드백**으로 부르겠다. 즉, 일을 잘했을 때의 피드백이 나에 대한 이익으로 돌아오는 것을 말한다.

물론, 공포형 피드백을 사용하는 사람을 막무가내로 욕해대기도 어렵다. 공포형 피드백이 가진 빠르고 확실한 효과를 부정하기도 어렵기 때문이다. 특히 고통과 공포가 강렬할수록 효과가 확실하기 때문에, 이 나라의 많은 직장 상사, 선배, 교사들이 꾸준히 애용하고 있는 것이다.

흥미로운 점은 공포형 피드백을 밥 먹듯이 남발하는 사람들도, 평온한 상태에서 대화를 해보면 "나라고 왜 그러고 싶겠나? 세상에 후배를 때리고 싶어서 때리는 선배가 어디 있겠나? 다 마찬가지 아니겠어?"라며 고충을 토로한다는 것이다. 그리고 다음날부터 다시 맹렬하게 언어폭력을 퍼붓는다.

사실, 우리가 옳지 않은 일이라고 생각하면서도 자꾸 하게 되는 것은 비단 이 일만은 아닐 것이다. 패스트푸드를 먹으면 살찐다는 것을 알면서도 자꾸 먹게 된다든가, 술 마시면 안 된다는 것을 알면서도 위장에 알코올을 쏟아 붓는다든가 하는, 뻔히 나쁜 짓인 줄 알면서도 끌려가듯 행해버리는 일이 너무나도 많다. 조직의 성격을 불문하고 전국적으로 애용되는 공포형 피드백 역시 비슷한 유형의 행태가 아닐까 싶다.

공포형 피드백이 남발되는 이유

그래서 공포형 피드백이 남발되는 원인을 정리해보았다. ("서비스 주제의 책에서 왜 이렇게 오만가지 얘기를 마구 늘어놓는가?"라고 비판할 분도 있겠지만 글 초반부에서 밝혔듯 보다 근본에 대한 이야기 없이 항생제 주사 놓듯 3류 CS 교육만 들이붓는다고 우수한 서비스가 달성되진 않는다. 이런 것도 다 좋은 서비스를 만들기 위한 이야기라 생각하고 읽어 주었으면 한다.)

나는 직장 상사들이 공포형 피드백을 쓸 수밖에 없는 이유를 이렇게 보고 있다.

1. 공포형 피드백을 받으며 살아와서
2. 플러스 피드백의 효과가 믿기지 않아서
3. 부하직원의 인간성을 못 믿어서
4. 시간이 부족하고, 환경이 열악하다고 생각해서
5. 공포형 피드백을 마음속에서 미화, 정당화시켜서

대략 이 정도가 아닐까 싶다. 과연 당신은 이 요소 중 몇 가지에 해당되는가?

공포형 피드백으로는 능동적 행동을 이끌 수 없다

그러나 징벌만이 남발되는 조직에서라면 직원들이 기업의 발전을 위해 고민하기보다는 오로지 책임을 회피하는 길만 연구하게 된다. 이는 몇몇 3류 기업만의 문제가 아니라 대다수 대한민국 기업이 가진 문제다. 상사에게 들키지 않고 욕먹지 않기 위해 두려움에 찌들어 전전긍긍하며 서비스하는 직원과 고객을 더 즐겁게 해주어 성취를 따내려고 노력하는 직원. 어느 쪽이 기업을 더 크게 발전시키겠는가? 두말할 나위가 없는 것이다.

우리는 **공포형 피드백의 효과까지도 함께 끌어안을 수 있는 플러스 피드백을 구상**해야 한다. 공포형 피드백의 효과만 취하고, 부작용은 배제할 수 있는 새로운 피드백 방법에 대한 연구 말이다. 그런 방법은 능력이 아니라 마음가짐에서 나온다.

서비스 보상의
기본 원칙

직원 스스로 더 나은 서비스를 연구하게 만들려면

경영자의 역할은 직원들에게 열심히 일하라고 **강요**하는 것이 아니라, 일할 의욕이 솟구칠 **동기 발생 요소를 제도적으로 확보**해주는 것이라고 말한 바 있다.

인적 자원 관리를 다룬 책에서는 늘 훌륭한 보상 시스템을 강조하지만, 서비스 종사자에게는 사회 전반의 낮은 존중과 어우러져 보상이 매우 야박한 편이다. 그러나 이 지구상에 **존중과 보상**도 없이 열심히 일해줄 사람은 없다. '채용해주셔서 감사합니다'라는 마음만 마냥 지속되길 바라는 관리자는 제대로 경영하는 사람이라고 볼 수 없는 것이다.

보상의 딜레마

그러나 보상을 해주려고 해도 여러 가지 딜레마에 봉착한다. 직원에 대한 보상에 있어 최대의 딜레마는 역시 다음과 같은 3가지 이유 때문이다.

1. 모두가 불만이 없는 제도를 만들기 힘들다.

2. 직원의 성과를 명확히 평가하기가 힘들다.
3. 보상이 실제 어느 정도 동기부여를 이끌어 내는지 측정하기가 애매하다.

대부분 기업에서 채택하고 있는 보상 방법은 연봉제와 성과급 같은 것들이다. 그런 것들의 다양한 운영법이나 효과에 대해서는 각 기업에서 죽어라 논의가 있어 왔을 것이므로 여기서 또다시 논할 이유는 없다. 거두절미하고, 위 3가지 딜레마를 감안하여 영업직이 아닌 서비스 직원에 대해 효과를 거두기 위한 보상의 원칙 몇 가지만 제시하고 넘어가겠다.

효과를 보장하는 보상의 원칙

보상의 효과를 극대화시키기 위한 요소는 다음 두 가지이다.

1. **보상의 즉시성**
2. **행동 연계성**

첫째로, '보상의 즉시성'이라 함은 하이 퍼포먼스가 행해진 이후 최대한 빠른 시간 내에 곧바로 보상이 이루어져야 한다는 것이다. 교육심리학에서는 학생을 지도할 때 칭찬이든 체벌이든 대상 행위가 있고 난 직후, 최대한 빠른 시간 내에 적용해줘야 효과가 있다고 한다. 물론 그런 얘기를 꼭 들추어보지 않아도 조금만 생각해보면 누구나 알 수 있는 사실이다.

심리적인 차원에서도 피드백이 가장 효과가 있기 위해서는 (그것이 질책이건 칭찬이건) 행위가 발생한 후 가급적 빠르게 이루어져야 한다. 잘못을 저질러놓고 일주일 후에 지적하면 반성은커녕 짜증만 날 뿐이다. 보상 역시 타이밍이 늦어지면 늦어질수록 행동 유인의 효과는 반감된다.

'행동 연계성'이라 함은, 보상의 대상이 되는 행동이 구체적으로 명확히 정해져 있고, 그 행동에 보상이 다이렉트로 연결되어 있어야 한다는 얘기다. 서비스에 국한해 이야기해보면, 좋은 서비스라 불릴 만한 행동을 명확하게 정의해놓고 그 하나하나의 좋은 행동에 각각 걸맞은 보상을 링크시키자는 것이다.

발견 ⇨ 인정 ⇨ 보상이라는 3박자 시스템

보상의 즉시성과 행동 연계성을 높이기 위해서는 제도적 뒷받침이 필수일 것이다.

1. 직원의 우수한 성과를 '발견'해내는 장치
2. 발견된 성과에 대해 정확히 '인정'해주는 제도
3. 인정된 성과에 대해 실질적으로 제공되는 '보상'

이러한 **발견 ⇨ 인정 ⇨ 보상**의 3박자가 제도적으로 자리를 잡고 있으면, 직원들의 굿 퍼포먼스는 절로 발생하게 된다. 이 제도가 없이 백날 태도가 어쩌니, 마인드가 어쩌니 하는 훈계를 해봐야 달라질 건 아무것도 없다.

서비스 업무에 있어 이 3가지 제도를 제대로 구축하는 일은 쉽지 않다. 우선 직원의 하이 퍼포먼스를 발견해내는 것부터 쉬운 일이 아니다. 여기서 가장 중요한 포인트는 이 발견이라는 것에는 절대 운이나 우연이 끼어들어서는 안 된다는 점이다. 억지로 발굴할 것이 아니라 **기계적으로, 자동적으로, 반드시 발견**되게끔 체제가 구축되어야 한다는 점이다. 직원들이 인정과 질책이 합리적이지 못하고 우연에 의해 판가름 난다는 생각을 갖게 되는 순간, 업무 의욕은 사라지고 마음속에는 생존과 책임회피라는 단어만이 똬리를 틀게된다. 그러기 위해서는 역시 '정확한 발견! 정확한 인정! 정확한 보상!'이 핵심이다.

'정확'하고 '필연적'인 발견 방법

직원의 과오를 발견하지 못하는 것도 문제지만, 좋은 퍼포먼스를 발견하지 못하는 것은 더 큰 문제다!!

이는 기업에서 이뤄지는 모든 일에 적용될 수 있는 얘기인데, 특히 서비스에서는 의미가 더욱 각별하다. 서비스 업무의 경우 영업 실적하고는 달라서 좋은 퍼포먼스가 눈에 띄기 쉽지 않다. 반면 나쁜 퍼포먼스는 고객의 클레임을 통해 바로바로 부각된다. 이 점은 서비스 종사자들이 큰 스트레스를 받게 되는 원인이기도 하다.

실제로 많은 서비스 종사자들이 토로하는 한탄은 성심껏 잘해준 고객들은 별로 반응을 보여주지 않는 반면, 불만사항은 아무리 작은 것이라도 반드시 클레임으로 발전한다는 것이다. 100명의 고객을 감동시켰음에도 상부로 전달되지 않아 아무 보상도 못 받는 반면, 1건의 고객 불만은 여과 없이 보고되어 질책을 받는다. 특히 높은 분들은 발견되지 않은 100건의 좋은 서비스보다 단 1건의 클레임에만 민감히 반응하곤 한다. 그러면서 "대체 서비스를 어떻게 하기에 이 따위 클레임이 발생하는 거냐? 정신교육 좀 다시 시켜라." 라는 말을 아주 가볍게 내뱉는다. 그렇게 되면 일선 종사자의 마음은 울화통이 폭발한다.

우리가 알아야 할 분명한 사실 한 가지, 고객은 친절하게 해준 것은 너무도 쉽게 잊어버리되, 불만은 절대 잊어버리지 않는다는 점이다. 이건 고객을 원망하기 위해 하는 말이 아니라, 인간의 본성에 대한 이야기다. 자기가 받은 피해는 두고두고 기억하지만, 남에게 받은 혜택은 순식간에 망각하는 것이 우리 인간들의 특징이다. 사실 고객 입장에서는 기업에 대해 칭찬보다는 욕설을 내뱉는 것이 합리적인 행위다. 클레임을 걸면 얻을 것이 생기지만, 칭찬은 해줘봐야 별로 돌아오는 게 없기 때문이다.

보편적인 인간의 이러한 습성은 서비스 종사자들, 나아가 대한민국 모든 직장인들의 인생을 고달프게 하는 요인이 된다. **그러나 직원의 우수한 퍼포먼스를 발견해내지 못하는 것은 상상 이상으로 기업에 큰 피해를 끼친다**. 직원의 과오를 찾는 데만 혈안이 되고, 굿 퍼포먼스 발견을 등한시한다면 기업의 미래는 막막하다.

하이 퍼포먼스가 '전달'된다면?

　대개의 경우, 조직에서 한 직원의 퍼포먼스는 중간 단계를 거쳐 상부로 보고된다. 대리의 행적은 과장을 통해, 과장의 행적은 부장을 거쳐 윗선으로 전달되는 식이다. 이것이야말로 직장이라는 곳이 아부의 콘서트홀이 되는 가장 큰 이유인데, 후진적·관료적 기업일수록 그 정도가 심하다.

　그런 조직에서라면 실제로 일을 열심히 하는 것보다는 윗사람에게 잘 보이는 사내 정치에 골몰하는 것이 삶을 윤택하게 하는 길이다. 즉, 고객에 대한 서비스를 연구하는 게 아니라 직속 상사를 만족시킬 방안을 강구해야 한다는 얘기다. 물론, 이런 상황이 모두에게 나쁘기만 한 것은 아니다. 인생의 목적을 출세나 남에게 떠받들어지기 위해 사는 사람이라면, 그런 조직에서 물 만난 고기마냥 행복해할 수 있다. 자신에게 아부하는 부하들의 모습을 보면서 삶의 희열을 만끽하는 이들에게 위와 같은 구조는 지극히 바람직한 것이다.

　그러나 경영자가 자신의 에고를 버리고 진정 기업의 발전을 원한다면 그런 사내 정치는 낭비일 뿐이다. 직속 상사의 기분을 만족시키는 데 골몰한 시간을 고객을 위해 투자한다면 당연히 그만큼 CS는 발전할 것이다. 그러나 과연 자신의 에고를 버릴 수 있는 관리자가 얼마나 될지, 그건 의문이다.

직원의 성과를 보고받지 말고 '자동 발견'하자

　직장인이 회사를 다니는 이유는 첫째가 생존, 둘째가 인정과 보상이다. 직장인은 이렇게 하면 생존할 수 있다는 방향으로 행동하고, 저렇게 하면 인정과 보상을 얻을 수 있다는 방향으로 움직인다. 고객을 위해 애쓰는 것보다 상사를 위해 노력하는 것이 생존과 보상을 얻는 길이라면 당연히 고객 따위는 내팽개치게 된다.

따라서 직원이 고객을 위해 노력하게 하려면 노력이 왜곡 없이 발견되어야 하고, 그것이 보상으로 이어져야 한다. 여기서 가장 우선적으로 필요한 것은 좋은 퍼포먼스에 대한 발견이다. 발견은 결코 **상사의 눈**만으로 이뤄져서는 안 되며, 공정하고도 기계적인 발견 장치가 필요하다. 또 거기에는 절대 우연이 끼어들어서는 안 된다. 어떤 때는 발견되고 어떤 때는 무시당한다면, 직원의 행동은 결코 기업에 도움이 되는 방향으로 변해가지 않을 것이다.

대표적인 예로, 한 달 내내 야근하다가 가족이 아파서 딱 하루만 일찍 집에 간 직원 A와 6개월 동안 핑핑 놀다가 우연히 그날만 야근한 직원 B가 있다고 치자. 그런데 하필 사장이 그날 밤에 야간 순시를 돌았고, 남아 있던 직원 B는 크게 칭찬을 받았다. 누구나 한 번쯤 겪었을법한 일인데, 여기서 사장이 직원 B를 칭찬한 것은 대단히 생각 없는 행동으로, 이는 누구에게도 도움이 되지 않는 칭찬이다.

우선 A는 당연히 어이없어할 테고 사장이나 회사가 자신의 공로를 인정해주지 않는 데 대해 큰 불합리함을 느낄 것이다. B 역시 사장이 사라진 후 혓바닥을 날름거리며 '땡잡았네' 하며 일시적으로 기분은 좋아지겠지만 그것이 절대 업무 의욕으로 이어지지는 않는다. 왜냐하면 인간의 심리는 과거의 성공 패턴을 반복하게끔 프로그래밍 되어 있어서, 앞으로도 직원 B는 핑핑 놀면서 사장의 동태만을 살피게 될 것이기 때문이다.

즉, 우리에게 필요한 발견이란 다음과 같다.

1. **인위적인 인간의 눈보다 더 정확한 기계적 발견**
2. **우연히 배제된 필연적인 발견**

이 두 가지야말로 직원들을 열심히 일하게 만들고, 궁극적으로 기업이 잘되도록 만드는 가장 기본적인 장치이다. 이에 대한 각 기업 상황에 맞는 방법을 고민하지 않는 경영자는 감히 경영을 하고 있다고 말할 수 없는 것이다.

인위적이지 않은 필연적인 발견 시스템

이처럼 인위적이지 않은 필연적인 발견 시스템은 직원들을 열심히 일하게 만드는 첫 번째 작동 버튼이다. 이는 비단 서비스뿐만 아니라 모든 직무에 똑같이 적용되는 얘기다. 그런데 문제는 그 정확한 발견의 시스템이라는 것을 만들기가 은근히 까다롭다는 것이다. 또, 기계적 발견 장치가 구축되면 중간 관리자들의 권력이 크게 축소될 수 있으므로 암묵적인 방해 공작도 기승을 떨칠 것이다. 이에 대한 해법은 각 기업과 업종의 특성에 맞게 최고 리더가 고민할 수밖에 없다. 워낙 기업들의 특성이 다양하니 그 사정을 보지 않고서야 당연히 모범 답안을 제시할 수 없다.

가장 중요한 것은 역시 **작정하고 고민하겠다는 마음가짐**이 아닐까? 최고 리더가 이런 마음가짐만 먹는다면 또 그리 어렵지 않은 과업일 수도 있다. 무엇보다 이 시스템만 구축되면 기업이 전사적으로 엄청나게, 지속적으로 강해질 것은 분명한 일이다.

서비스 직원들에 대한 올바른 코칭

기업 내에서 보상이나 질책과 함께 피드백의 중요한 한 축을 이루고 있는 것이 바로 코칭이다.

사실 코칭이나 교육은 큰 차이는 없지만, 일반적인 뉘앙스로 따지면 교육은 "자, 지금부터 교육하겠습니다"라고 판을 벌여놓고 하는 것을 주로 의미하고, 코칭은 일하면서 수시로 진행되는 멘토의 가르침을 나타내는 것 같다. 이 책에서 쓰는 코칭이라는 용어 역시 그러한 뉘앙스라고 보면 된다.

사실 코칭의 목적은 보상과 마찬가지로 직원들의 퍼포먼스를 향상시켜주는 것이지만, 어이없게도 많은 상사들은 오히려 부하의 업무 의욕을 감퇴시키는 한심한 코칭을 보여주곤 한다. '차라리 아무것도 하지 않으면 마이너스는 안 될 텐데' 하는 느낌을 받곤 하는 것이 부하직원들의 코칭 경험담이다.

직원들의 애환을 인정하는 것이 코칭의 첫걸음

세상 모든 직업인들이 다 그렇겠지만, 서비스 종사자들 역시 깊고도 고유한 애환을 가지고 있다. 그 애환을 깊이 이해하지 않고서 그들을 관리하겠다는 것은 실로 비인간적이고 비효율적인 태도이다.

그러나 많은 관리자들은 자신의 올바른 치세를 어떻게든 입증하려 하므로 현장에 고통이 넘실대고 있다는 사실을 인정하려 들지도 않을 뿐 아니라 최대한 숨기려는 은폐본능을 작동시킨다. 당연한 얘기지만 관리자가 그럴수록 서비스 직원들의 애환은 깊어지고, 고객들의 만족감은 얕아진다.

'지도'를 잘한다는 것은 무엇을 의미하는가?

3류 CS 강사나 이론쟁이들에게 있어 서비스 종사자들은, 늘 지도를 해주어야 할 대상에 불과하다. 아니라고 말은 해대지만 속으로는 자신들이 최일선 종사자들보다 더 유식하다는 잘못된 프라이드를 가지고 있다. 참으로 역한 모습이 아닐 수 없다.

상대방을 위해서가 아니라 자신의 자아 충족을 위해 타인을 가르치고 싶어 날뛰는 이론쟁이나 3류 CS 강사들은 지도라는 것에 대해 어느 정도 성찰을 하고 있는 것일까? CS 교육이라면, CS에 대한 고민과 함께 교육에 대한 고민도 당연히 해야 한다. 한쪽만 고민해서는 그냥 CS, 그냥 교육일 뿐 아니겠는가?

물론 그것은 심지어 교육을 전문적으로 전공했다는 학교 교사들조차 고민이 부족한 경우를 많이 볼 수 있다. 전반적으로 이 사회는 전문 내용에 대한 연구는 활발하나 **지도, 코칭, 교육, 가르침, 이끎**이라는 개념에 대한 고민이 부족하다. 그냥 내용 전문가들이 곧바로 교육에 투입된다. 그것은 차치하고라도 이 질문 하나만은 모두에게 물어보고 싶다. "당신이 생각하는 '좋은 지도'란 무엇입니까? 혹시 어떻게 해서든 원하는 결과만 얻어내면 된다고 생각하는 것은 아닌가요?"

좋은 지도에 대한 다른 차원의 고민

행동을 바꾸거나 수치상의 목표를 달성하게 만드는 것이 지도의
전부가 아니다. 예를 들어보자.

한 학생의 수학 성적을 100점으로 만들고자 한다.

⇓

그래서 100점을 만들었다.

이것이 지도의 전부가 아니라는 말이다. 그러나 대부분의 직장상
사는 100점만 만들면 장땡이고, 그냥 거기서 생각을 멈춰버린다.
100점을 만들어 내면 좋은 지도를 한 것이라고 흡족해하곤 한다.

피지도자를 변화시키는 것이 지도의 목적이긴 하지만, 단지 그것
만 이루려면 방법은 너무나 간단하다. 살이 터지도록 두들겨 패면
누가 100점을 못 만들겠는가? 쫓아낸다고 협박하면 누가 야근하지
않겠는가? 그저 목적을 달성하게만 하는 것이라면 수많은 경력은 필
요도 없다. 삼척동자를 선생으로 갖다놓아도 달성하게 할 수 있다.

하지만 진짜 좋은 교육자, 코치, 선배들은 결과보다 결과를 달성
하게 만들어주는 **동기와 상대방의 미래**에 지도의 초점을 맞춘다.

그러나 여기까지 요구한다면 너무 과한 것일 수도 있다. 거기까
지는 바라지도 않고, 내가 원하는 최소한의 교육 원칙은 이것이다.

이것이야말로 좋은 지도의 가장 기본적인 요구사항이다.

지도받는 태도, 지도하는 태도

우리는 지도해주는 사람을 떠받드는 태도를 유달리 강조 받으며 살아왔다. "너 선생님에게 태도가 그게 뭐야? 선배에 대한 태도가 왜 그따위야? 형님에게 취하는 태도가 왜 그래?" 등등. 이처럼 '지도받는 태도'가 중시되는 반면 묘하게도 '지도하는 사람의 태도'는 그다지 강조되지 않는다.

지도받는 태도가 중요하다면 응당 지도하는 태도 역시 중대한 문제이다. 지도받는 사람으로서의 태도라는 것이 스승이나 선배에 대한 예의를 갖추라는 것이라면 지도하는 태도 역시 가장 중요한 요소는 이거다.

지도받는 사람을 보다 덜 괴롭게 해주려는 마음가짐

이런 마음가짐이 없는 사람은 어떠한 사례든 다른 사람을 가르치겠다고 달려들어서는 안 된다.

지도하는 태도는 조심스러워야 한다

때로는 강의를 하는 건지, 자기를 과시하는 건지 구분이 안 되는 강사들이 있다. 자신의 전문 분야에서 어떤 학식을 쌓았다 하더라도, 그것을 전달하고 지도하는 분야에 대한 새로운 고민을 하지 않는 사람을 강단에 세우면 아무런 교육 효과를 얻을 수 없다. 이는 당연한 얘기다.

나는 인간의 말을 ① 그냥 막 해도 되는 말, ② 매우 조심해서 발설해야 하는 말의 2가지로 나누는데 다른 사람에게 하는 지도, 코칭, 충고는 당연히 후자에 속한다. 아주 극도로 조심해야 한다.

기본적으로 누군가에게 지도받는다는 것은 유쾌하지 않은 일이다. 하물며 20대 이상의 성인들의 경우는, 상대를 아주 존경하지 않는 한 누군가 충고를 해댄다면 속으로는 욕설이 터져 나오기 마련이다. 하물며 그것이 직위나 조직의 위신을 등에 업고 나오는 충고라면 더욱더 기분이 불쾌할 것이다. 왜냐하면 직위가 높은 사람이 뭐라고 하면 그냥 들을 수밖에 없기 때문이다. 속으로는 '웃기고 있네'라고 생각할지라도 절대 겉으로 표현할 순 없다. 쌍방향성이 보장되지 않는 대화는 이미 대화가 아니지만 위계질서의 힘을 빌려 떠들기를 즐기는 이들은 그런 사실을 종종 망각한다.

사람을 칭찬할 때는 태도가 별로 중요하지 않다. 칭찬이야 어차피 기분 좋은 것이니 아무렇게나 해도 별 상관이 없다. 그러나 지도는 기본적으로 '질책'의 성격을 띠게 되는 경우가 많기 때문에 상대의 기분변화에 집중해야 한다. 이는 대단히 중요한 요소로, 리더의 역량은 질책하는 기술로 판가름 난다 해도 과언이 아니다.

기왕에 해야 하는 질책, 올바른 방법은?

받아들이는 사람의 불쾌감이 적을수록 기술적으로 뛰어난 질책이다. 100 정도의 불쾌감으로 끝낼 수 있는 질책을, 200~300으로 키우는 것이 바로 무능함이다.

물론 소위 따끔한 질책이 필요한 경우도 있을 수 있다. 다만 우리가 명확히 구분해야 할 것은, **따끔함과 불쾌함의 차이**다. 훌륭한 리더는 부득이하게 따끔하게 할지라도 절대 불쾌감을 남기지 않는다. 반면 무능한 리더는 굳이 노발대발 하지 않더라도 부하에게 은근히 불쾌감을 안겨준다.

불쾌함과 따끔함은 다른 것이며, 불쾌함을 남기지 않으면서 질책할 수 있는 사람이 훌륭한 리더이다. 더군다나 **서비스 업무에서는 늘 인격적 불쾌감이 팽만**해 있기 때문에 더더욱 조심할 필요가 있다.

나는 과연 상대의 고충을 제대로 이해하고 있을까?

상대에게 불쾌감을 주지 않기 위해 조심하는 것 다음으로 필요한 일은 지도나 질책을 내뱉기 전에 먼저 상대의 고충을 이해해보려는 자세다. 모든 지도, 질책, 교육은 **상대방의 고충을 이해하는 마음의 기초 공사**를 다진 후에 실시되어야 한다.

"여러분의 고통을 십분 이해합니다. 그러나 우리는 이 어려움을 딛고 나가야 합니다." 그러나 단지 이렇게 번지르르한 말을 늘어놓는다 해서 그 관리자가 진정으로 직원의 고충을 이해하고 있다고 볼 수는 없다. 많은 경우 관리자들은 스스로 직원들의 마음을 잘 이해하고 있다고 착각하고 있는 듯하다. '내가 직원들의 고충을 정말 알고 있는 것일까? 혹시 알고 있다고 착각하는 것은 아닐까?'라고 스스로에게 의구심을 던지는 관리자는 소수다. 스스로를 끊임없이 의심하는 것이야말로 리더십의 기본 요건임에도 무모한 자신감만으로 남을 이끌려 하는 리더들만 도처에 널려 있다.

스스로를 의심할 줄 모르는 대부분의 관리자들에게 권유하고 싶은 방법은 약간의 명상적 기법이다. 질책, 지시를 내리기 전에 딱 한 번만이라도 눈을 감고, 부하직원이 겪었을 고충을 영상을 돌리듯 마음속에 그려보는 것이다. 이러한 습관은 꼭 리더와 부하의 관계에만 국한시킬 것이 아니라, 모든 인간관계에 적용해본다면 새롭게 변하는 인생의 흐름을 느낄 수 있으리라 믿는다.

세부적인 유의사항

기본적인 마음가짐에 대한 얘기는 여기까지만 하고 지금부터는 직원들의 업무 의욕을 폭락시키는 것을 막는 코칭상의 세부적인 유의사항에 대해 이야기해보려 한다. 지금부터 언급하는 정도의 내용만 지켜줘도 괜찮은 CS 관리자가 될 수 있을 것이다. 직원에게 잘해주려는 노력도 중요하지만, 그것보다 더 중요한 노력은 마음에 생채기가 날만한 언행을 하지 않는 것이다. 고객에게 당하는 상처만으로도 아픔은 이미 충분하다.

① 부하직원의 고충을 평가 절하하는 멘트는 금물

서비스 직원들이 가장 심하게 스트레스를 받는 일이 무엇일 것 같은가? 역시 악성 고객, 종업원의 인격과 프라이드를 사정없이 짓밟는 진상들을 만났을 때가 가장 괴로울 때이다. 그런데 바로 이때!! 진상을 겨우 달래고 아픈 마음을 추스를 때, 진상보다 더 무시무시한 괴물이 에필로그를 장식한다. 그건 바로, "그 까짓것"이라는 말을 토해내며 화려하게 등장하는 폄하라는 괴물이다. 이런 경우라면 때로는 진상 고객보다 주변의 폄하에상 더 큰 상처를 느끼게 될 수도 있다.

사실 저런 코멘트는 서비스뿐 아니라 모든 직무의 종사자들에게 해서는 안 될 말인데, 만일 부하에게 그런 언행을 자주 보이는 상사가 있다면 그는 오로지 미움이라는 감정만을 수혈 받으며 직장생활을 영위하게 될 것이다.

인간은 남의 고통은 대수롭지 않게 생각한다

인간 사이에서 발생하는 다툼의 가장 근본적인 원인은 **남의 고통은 축소 인식하고, 자신의 고통은 그 의미를 증폭시킨다는 점!** 여기서부터 인간과 인간의 투쟁이 발생하기 시작하는 것이다.

내부 고객인 직원들의 만족도에 신경을 쓰자는 이야기는 오래전부터 나와 지금은 개나 소나 떠들어대는 유행어가 되었지만, 아직도 많은 종업원들이 고통 받으며 살고 있다. 왜 그럴까? 근본 원인은 바로 관리자들이 종업원들의 고통을 축소 인식하고 있기 때문이다. 안타깝게도 인간의 뇌는 타인의 고통을 축소 인식하게끔 구성되어 있기 때문에 이는 매우 필연적인 사태다.

　일단 아래에서 어떤 고충이 보고되면 어떤 관리자들은 눈살을 찌푸리며, "또다시 불명 불만이 시작되는구만. 월급을 받아먹는 직장인의 기본자세도 안 된 녀석들이 또 떠들어대는군……"이라는 기분을 느끼게 된다. 그러나 '고충'이라는 것은 대개 **불필요와 불합리**로부터 태동되는 것이고, 이는 관리자들의 경영 능력 부족으로 발생되는 것이라는 점을 먼저 성찰하는 리더는 별로 없다.

　특히, 치졸한 관리자들의 경우는 민감한 몸보신 촉수 때문에 직원들의 고충에 한층 더 부정적인 반응을 보이곤 한다. 많은 경우 그들은 직원의 고충을 해결해주는 역량보다는 **고충 ⇨ 불평불만으로 교묘히 바꿔치는** 말장난 능력만을 가지고 있다. '직원들이 고통스런 이유는 내가 경영을 잘못해서가 아니라 저들의 기본 태도가 글러먹었기 때문이다'라는 식으로 몰아가는 것이다.

폄하, 무시하지 않는 것이 모든 커뮤니케이션의 기본

　치사한 자기 보호 본능에서 비롯되었건, 단순한 무신경에서 비롯되었건 부하들의 고충을 폄하하는 관리자의 처사는 조직이 성장해나가는 데 주된 걸림돌이 된다.

　실제 고객 서비스를 할 때도 마찬가지이고, 인간이 하는 모든 커뮤니케이션에 있어 **상대방의 고충을 폄하하지 않는 것은 가장 기본**이 되는 사항이다. 상대의 고충을 별 것 아니라 생각해서도 안 되고, 그런 생각을 표현해서는 더더욱 안 된다. 만일 그런 마음을 말로 표현해버리면, 긍정적인 커뮤니케이션은 끝나고 서로의 관계에는 증오와 무관심이라는 독초만이 피어나게 된다. 심한 욕설보다 "그 까짓 게 뭐 별 거냐?"라는 가볍게 무시하는 한마디가 훨씬 더 큰 벽을 만든다는 사실을 잊지 말자.

기본적으로 인간의 기본 심리 구조는 내뱉는 말에는 신경을 쓰지 않고 자신을 향해 날아오는 말에는 대단히 예민해지게끔 설계되어 있다. 우리 스스로는 그토록 '무시와 폄하'를 당하기 싫어하지만 타인에게는 너무나 쉽게 선사해주며 살고 있다. 이런 근본적 심리 구조를 인지하고 제대로 컨트롤할 줄 알아야 비로소 남의 위에 설 자격이 있다고 볼 수 있겠다.

아마도 어떤 분들은, "그러는 당신은 관리자들의 고뇌를 폄하하는 하는 게 아니냐?"라고 비판할 수도 있을 것이다. 그런데 원래 지위가 높을수록 더 고민해야 하는 게 맞다. '지위의 상승＝편안함의 상승'이라는 이상한 희망부터 좀 집어던지자. 박칼린 씨도 비슷한 이야기를 하던데…….

상대방의 인간적 가치를 나와 동등하다고 인정할 때, 비로소 올바른 커뮤니케이션이 가능하다

이해한다는 것은 상대를 깔보지 않고, 폄하하지 않는 심리 상태에서만이 가능하다. 그러나 많은 경우 고위직에 똬리를 틀고 있는 사람들은 부하라는 인간을 아래로 굽어보고 있기 때문에 제대로 된 이해를 하기가 근본적으로 어렵다.

"힘들다고? 어차피 그런 일 시키려고 널 고용한 거야. 찌질한 놈이 불평불만만 많아가지고." 우리 주변에는 의식적이든 무의식적이든 이런 마인드를 가진 관리자가 있으며, 그런 사람들이 부하를 이해한다고 설쳐대는 것은 순도 100%의 가식에 불과하다. 상대방의 인간적 가치를 나와 동등하게 인정해주지 않으면 그 어떤 이해도 가능하지 않다. **이해하려는 노력을 하기에 앞서 우선 상대방을 나와 동등한 가치를 지닌 인간으로 인정부터 해주자. 지위 고하, 연령의 차이가 절대 인격의 차이는 될 수 없다.**

그러나 설령 나이가 젊은 사람이라 할지라도 인간을 지위, 권력 유무, 돈으로 서열화시켜 판단하는 사람이라면 그러한 사고를 갖는 것이 매우 어려울 것이다. 그런 사람이 관리자가 되면 서비스고 뭐고 제대로 돌아갈 리가 없다.

② 말을 내뱉기 전에, 하려는 것과 똑같은 말을 자기 자신에게도 한번 해보자

다른 사람을 지도하는 위치에 서 있는 모든 이들에게 내가 권하고 싶은 또 한 가지는 바로 이것이다. 내뱉고자 하는 말을 토해내기에 앞서 그대로 자기 자신에게 적용해보는 것.

예를 들어 과장이 대리에게 "그 까짓것 하나 못 견디냐? 이 한심한 놈아?"라는 말이 하고 싶다고 치자. 그럴 때 역으로 김 과장은 상대인 박 대리가, "야, 김 과장아. 부장한테 까이고 왔냐? 근데 그 까짓것 하나 못 참고 우리한테 내리 갈구는 거냐? 이 한심한 과장아."라고 자신에게 말한다고 상상을 해보는 것이다.

상대에게 하려는 말을 그대로 자기 자신에게 한번 적용해보는 이 방법은 매우 귀찮아 보이지만, 실은 몇십 초밖에 안 걸리는 아주 간단한 것이다. 간단하지만 일단 습관화시키면, 마구잡이로 상대에게 상처를 주던 자신의 모습이 눈에 띄게 변화되는 것을 느낄 수 있을 것이다.

③ 나는 예전에 더한 것도 했다?

고충에 시달리는 부하직원에게 이런 말을 하는 관리자들이 아주 많다. "나는 옛날에 더 심한 것도 겪었어. 그러니까 불평하지 말도록."

이 말은 부하직원의 고충 어필을 짓누르고, 폼잡기를 통해 자신의 에고를 충족시키는 2가지 목적을 동시에 달성해주는 멘트다. 그 탁월한 효과로 인해 가장 많이 활용되는 대사 중 하나인데, 마냥 좋은 효과를 부르는 것만은 아닌 말이다.

물론 이해는 된다. 예전에는 직장생활이건, 서비스건 지금보다 더 심하고 힘든 일들이 있었을 터. 물리적 폭력, 폭력에 가까운 모멸적 처우 등등이 비일비재했을 것이고, 믿기지는 않지만 70년대에는 직장에서 과장이 여직원의 뺨도 때리곤 했다는데……

그런 삶을 살아온 선배가 후배를 보면, '저딴 것 하나 못 참고 불만을 말하나?'라는 생각이 들 법도 하다. 그리고 딴에는 정말로 후배를 위한답시고 자신의 자랑스런 과거사를 늘어놓는다.

일반적인 경우 사람은 타인에 대해서 뭐라 할 때, 한번쯤은 자기 자신을 돌이켜보기 마련이다. 그러나 조직이 부여해준 압도적 권력은 굳이 그래야 할 필요를 깔끔히 없애버린다. 오류, 착각, 망상 등 수많은 픽션이 엉켜서 기억된 일개 인간의 기억을, 하나의 교본으로 타인에게 강요한다는 것 자체가 인간에 대한 성찰이 부족한 행위인 것이다. 모든 것은 당하는 사람의 입장에서만 보일 뿐, 저지르는 사람의 입장에서는 보이지 않는 게 너무나도 많다.

코칭을 할 때 과거를 들먹여선 안 되는 또 하나의 이유는 바로 '과거는 과거'이기 때문이다. 무엇보다 완전한 과거, 이미 끝나버린 일은 더 이상 고통을 창출하지 않는 법이다. 아무리 끔찍한 일이라도 지나고 나면 누구나 여유롭게 회상할 수 있는 법. 지금 현재 똑같은 고통을 공유하면서 얘기한다면 모를까, 편안한 상황 속에서 거드름 피우며 "옛날에는 말이지……"라는 말을 해봐야 설득력이 있을 리 없다.

④ 자신만의 정의를 내세워 상대에게 고통을 강요하지 말자

이것 역시 커뮤니케이션의 기본적 원리이다. 자신만의 정의를 내세워 상대를 괴롭게 만들지 않는 것. 자신의 가치관을 내세워 상대에게 고통을 강요하지 않는 것. 자신에게는 아무리 정당해 보일지라도 그것이 타인에게 고통을 주고 있다면 그 의미에 대해 심각히 재고해보아야 하는 게 맞다. 왜냐하면 인간은 신이 아니기 때문이다.

"젊고 재기발랄한 세대들의 사회 진출로 우리나라 기업의 문화도 많이 바뀌어 가고 있다"는 판타지 같은 말들이 회자되고 있지만, 아직도 이 나라 기업을 지배하는 것은 상사의 정의다. 자신만의 정의를 지키며 살아나가는 삶은 멋지지만, 자신의 정의를 내세워 남에게 고통과 불편을 주는 짓은 히틀러나 무솔리니 같은 짓이라는 점을 잊지 말자.

⑤ 타인을 지도할 때, 에고이즘에 사로잡히지 말 것

다른 이를 코칭할 때 자신의 에고이즘에 사로잡히지 않는 것 역시 대단히 중요한 요소이다, 요컨대 자기 잘난 척, **과시욕, 지배욕의 쾌감**에 빠져들지 말라는 것이다. 남을 가르칠 때는 반드시 자기 **자신의 자아를 잠시 내려놓고** 상대의 자아를 먼저 존중해야 하며, **이를 할 줄 모르는 사람은 절대 타인을 가르치려 들어서는 안 된다.**

권력을 이용해 타인을 상대로 자신의 에고이즘을 충족시키는 일은 대단한 쾌감이 느껴진다. 해보지는 않았지만 그 맛이 얼마나 짜릿할지 상상이 간다. 그러나 진짜 제대로 된 리더 교육을 받은 사람은 자기 자신의 본능을 컨트롤하여 나를 위한 코칭이 아니라 상대를 위한 코칭을 펼친다. 그런 사람의 밑에서 일하는 행운이야말로 직장인이 누릴 수 있는 최고의 행운이 아닐까 싶다. 그것만 있다면 다른 건 다 필요 없다고 생각될 정도이다.

⑥ 구체성 없는 충고는 하지 않느니만 못하다

비슷한 고통을 나누고 있는 동지들께 하고픈 말은, 적은 절대 외부에만 있지 않다는 것이다. 고충에 대한 조직의 전반적 몰인정이나 자기는 그 절반의 스트레스도 감당하지 못해 길길이 날뛰면서 타인에게만 무한정 인내를 강요하는 저질스런 상사 같은 존재들이 바로 내부의 적이다. 그런 무지한 상사들일수록 "스트레스 받지 마, 화내지 마, 감정 조절을 잘해라" 등등의 하나마나한 이야기를 밥 먹듯이 하는데, 아마도 대부분 서비스 직원들이 가장 많이 듣는 코칭이 바로 이런 말일 것이다. 코칭이라는 말을 갖다 붙이기도 뭐한 만사 거두절미하고 툭 터져 나오는 저 단순한 멘트.

이것이 얼마나 하나마나한 소리인지는 조금만 생각해보면 잘 알 수 있다. 예를 들어 육상선수가 코치에게 어떻게 기록을 단축해야 하냐고 물었는데 "잘 뛰어라."라는 말로 땡 친다면 어떻겠는가? 당연히 이 세상에 그런 육상 코치는 없다. 그런데 직장이라는 곳에 있는 코치는 대부분 그런 사람들이다. 구체성 높은 코칭을 해줄 역량이 안 되어 중학생도 할 수 있는 이야기나 지껄여대는 사람들이 넘실대는 것이 이 나라 기업들의 현 주소다

김연아의 피겨 경기를 보고 있노라면 피겨를 모르는 나 같은 일반인이 해줄 수 있는 말이란, "잘하세요!" "열심히 하세요!"밖에는 없다. 반면에 김연아의 코치는 연습 기간 동안 수천 마디의 구체적 지침을 내려주었을 것이다. "열심히 하세요"라는 말밖에 해줄 수 없는 일반인과 구체성 높은 코칭을 해줄 수 있는 피겨 코치. 이것이 바로 역량의 차이라는 것이다.

지금 이 책을 읽는 당신이 관리자라면, 오늘도 부하직원에게 구체적인 앞뒷말 없이 "잘해라, 열심히 해라, 스트레스 받지 마라" 등의 무의미한 단문만 앵무새처럼 반복하지는 않았는지 한번 생각해 볼 일이다. 리더가 그렇게 멍청한 소리만 지껄여댄다면 없어질 스트레스도 없어지지 않는다.

일본의 유명 작가인 나카타니 아키히로는 일본인들이 가장 많이

쓰는 말인 "간바레(열심히 하세요)"라는 말을 쓰지 말자고 주장한다. "열심히 하세요"라는 말은 내뱉기에는 편하지만 듣는 사람은 뭐가 되는 걸까? 지금까지 열심히 하지 않았다는 이야기인가? 상대가 정말로 열심히 하고 있는지 아닌지는 제3자가 쉽게 이야기할 수 있는 게 아니다. 적어도 이 지구상에 존재하는 모든 사람은 저마다의 최선을 다해 인생을 살고 있다는 믿음을 가지고 세상을 바라보아야 한다.

섣불리 타인을 게으르고 한심한 인간으로 취급해서도 안 된다. **타인을 깎아내리면 상대적으로 자신이 상승되는 쾌감**을 맛볼 수 있어 자주들 그러고 있지만, 그 본능을 물리치고 겸허한 마음을 가지면 보다 좋은 인생을 살 수 있으리라고 생각한다. 그런 의미에서 교육생들을 서비스 마인드가 부족한 **비즈니스 지진아**로 평가해대는 3류 CS 강사들을 보면 절로 욕설이 터져 나온다.

이제부터 타인의 인생에 접근할 때는 "잘해라, 열심히 해라" 식의 뻔한 소리는 배제하고 ① **진지하고** ② **구체적이고** ③ **조심스럽게** 다가가자. 나는 타인을 진지하지 않게, 조심성 없이 평가해대는 사람을 절대 인정하지 않는다. 이제부터 타인에 대해 무신경한 평가를 남발해대는 사람을 만날 때면 마음속으로 강하게 "꺼져" 라고 외쳐주도록 하자.

⑦ '태도'라는 단어를 남발하지 말 것

"돈 받아먹는 태도가 글러먹었어."라는 이야기는 꽤 자주 들을 수 있는 말이다. 나는 오히려 그런 말을 자주 하는 사람이야말로 인간으로서의 태도가 돼먹지 못한 작자라고 생각한다. 예전에 모 일간지에서 감정노동에 대한 기사를 본 적이 있는데, 사례로 나온 이야기인즉슨 어떤 백화점 고객이 점원에게, "넌 돈 받아먹을 자격이 없어!"라고 외치며 뺨을 때렸다는 내용이 있었다. 그 백화점 점원이 직장인의 자격이 없었다면 그 고객은 인간의 자격이 없는 사람이었다고 볼 수 있다.

서비스 조직 관리자, CS 강사들이 취하지 말아야 할 첫 번째 태도로는 "태도라는 말을 너무 자주 쓰지 말 것"을 권장하고 싶다. '자격', '태도' 같은 단어들은 우리 현실에서 강압적 의미로 자주 쓰이고 있고, 위 사례와 같이 **인격 모독적**으로 악용될 때도 많다. 태도에 대한 강압보다 동기부여를 통해 마음속의 의욕을 끌어내주는 것이야말로 진정 이 시대가 요구하는 올바른 리더십, 코칭일 것이다.

⑧ 공격적으로 사람을 이끌려 하지 말 것

인간의 강한 행동을 이끌어주는 부정적 감정에는 압박, 공포, 수치 같은 것들이 있다. 적어도 행동을 이끌어내는 효과는 강력하기에 많은 리더나 교육자들이 즐겨 애용하는 감정들이다.

예전에 한 유명 호텔의 조리실을 텔레비전에서 본 적이 있었는데, 외국에서 공부하고 왔다는 대장 요리사가 (뭔가 정식 호칭이 있는 것 같은데 잘 모르겠다. 먹는 쪽에는 워낙 관심이 없어놔서) 조리실을 지휘하는 모습을 보았는데 꽤 인상적이었다.

"야!! 그 따위로 하려면 나가!! 당장 때려쳐!!" 등등의 괴성을 질러대며 강렬한 파워로 조리실을 이끌고 있었는데, 그 모습을 보고

'역시 프로는 달라' 하며 동경의 눈으로 바라봤던 무뇌자들도 있었던 모양이지만, 나는 바로 채널을 돌려버렸다. 그 해외파라는 대장 요리사가 우수한 기능인이었는지는 몰라도 최소한 좋은 리더는 분명히 아니었다.

강력한 호통과 위협이 **몰입과 집중력**을 강화시켜주는 효과가 있기는 하지만, **꼭 그런 방법을 쓰지 않아도 비슷한 효과는 얼마든지 낼 수 있다.** 그 대장 요리사가 소리를 지르고 겁을 줬던 것은, 아는 방법이 그것밖에 없었기 때문이었다. (즉, 무지했기 때문이다.) 굳이 교육심리학 저서까지 읽어볼 필요는 없지만, 최소한 '올바른 교육'을 고민하는 자세가 학교 교사에게만 필요한 게 아니라는 점 정도는 알아 두어야 할 것이다.

⑨ '개선'의 방법도 중요한 교육의 주제다

고객 만족은 직원들의 개인적 업무 수행을 통해서 결정되지만, 동시에 기업이 지니고 있는 System Performance를 통해서도 크게 좌지우지된다. 당연한 얘기지만, 특히 대개의 경우 후자가 훨씬 더 중요하다는 얘기들을 한다.

여기서 말하는 시스템이란 일반적으로 '고객을 응대하는 프로세스'로 받아들여지지만, 그것은 전체 서비스 시스템의 일부에 불과한 것으로, 적절한 서비스 업무 환경이나 올바른 개인 업무 수행을 이끌어내는 발견-보상법, 직원들의 의견이 장애물 없이 상부로 도달되는 의사 전달 시스템 등도 대단히 중요하다.

〈 개선의 대상 〉

① 서비스 업무 환경
② 감정자원의 관리 방안
③ 고객 응대 프로세스
④ 개인적 업무수행에 대한 '발견-인정-보상' 방법
⑤ 현장에서 고객의 의견을 정확히 취합할 수 있는 방법
⑥ 왜곡 없는 의견 전달 시스템
⑦ 취합된 고객 의견에 대한 합리적인 평가 체제 등

최일선 직원들이 자신이 몸담고 있는 회사의 서비스 시스템에
대해 정확히 바라볼 수 있게 하고, 필요한 경우 과감히 개선 의견을
제기하게 만드는 교육이 시행되어야 바람직하다. 대체 언제까지 마
네킹 교육만 시킬 것인가.

⑩ 서비스 시스템 구축의 주체는 직원이 되어야 한다

그런 사태를 방지하고 기업 서비스의 지속적 발전을 위해서는
직원들을 보다 높은 가치를 지닌 인간으로 인정해줘야 한다. 물론,
인간을 피동적인 마네킹으로 만들어 내는 3류 교육들이 많이 없어
져 가고는 있지만, 아직도 서비스 종사자가 '봉사 기계'로 변모해야
한다는 식으로 언급하는 것을 자주 볼 수 있다. 봉사를 하는 것은
좋지만 거기서 그치지 않고 직원 스스로 **서비스의 즐거움과 성취감**
을 맛볼 수 있는 교육과 장치들을 만들어 제공해주어야 한다.

서비스 시스템을 구축할 때도 보다 일선 직원들의 의견을 최우선적으로 존중하여 **그들이 주체적으로 시스템을 만들었다는 느낌을 가질 수 있는** 정도가 되어야 한다. 직원들이 그런 느낌을 받지도 않는데, 관리자만 혼자 신나서 직원을 존중해줬다고 떠드는 것은 참으로 꼴사나운 일이다.

⑪ '어떻게' 보다는 '무엇을' 이 우선이다

좋은 영화와 3류 영화의 차이는 무엇일까? 좋은 영화는 '무엇을 전달하는가'가 명백히 드러나는 반면, 3류 영화는 '어떻게 보여질까'에만 신경을 쓰는 영화라고 생각한다.

마음을 통해 무언가를 전달한다는 면에서는 영화나 서비스나 비슷한 면이 있다. 그리고 대부분의 3류 영화처럼 3류 서비스들도 '무엇을'보다 '어떻게'를 먼저 고민하는 우를 범하고 있다. '어떻게'만 가지고는 21세기인 지금, 절대로 승리하는 서비스를 구현할 수 없다. CS 교육 역시 마찬가지다.

어디까지가 교육인가?

이런 사항들을 마음속에 심어놓지 않았다면, CS 코칭이건 뭐건 다른 사람을 지도하겠다는 생각은 일절 품지도 말자. 다른 사람을 가르친다는 것은 대단히 높은 수준의 인격이 필요한 일로, 교육을 쉬운 것으로 치부하는 풍조가 오늘날 이 나라의 발전을 가로막고 있다고까지 나는 생각한다. 물론 여기서 말하는 교육은 학교교육이 아니다. 상사가 지나가는 말로, "야, 똑바로 안 하냐?" 하고 툭 던지는 것도 다 일종의 교육이다. 그런데 교육이라고 생각을 하지 않으니 그것이 문제가 되는 것이지……

우리는 누구나 다 교육자이다. 의사라고 다 같은 의사가 아니듯, 교육자 역시 마찬가지이다.

고충 해결을 통한
의욕 상승 도모

service와 servant. 단어의 모양새가 비슷한 것에서도 알 수 있듯 서비스 업무를 수행하다 보면 모멸과 굴욕의 감정을 필연적으로 느끼게 된다. 이에 대해, "세상일이 다 그런 것 아니겠어?"라는 식으로 얼렁뚱땅 넘어가는 자들은 경영을 하는 사람이라고 볼 수 없다.

무시, 폄하, 모멸, 굴욕, 하대…… 이런 인격적 상처가 주는 심리적 부하는 매우 심한데, 이것이 마냥 누적되다 보면 인간의 성격은 다음과 같이 변해가게 된다.

1. 공격적 표현에 계속적으로 노출됨으로써 우울증, 소극적 성격, 자기 비하 등 '내향적 정신질환' 징후가 나타나는 경우(가장 위험하다)
2. 타인에 대한 잦은 짜증과 폭력적 언행 등 '외향적 정신질환' 징후가 나타나는 경우(역시 위험하다)
3. 감정 공격과 상처에 무뎌지는 이른바 감정적 맷집이 생기는 경우

사실 3번 경우처럼 되는 것은 정말 어려운 일이다. 그렇지만 만약 직원들의 마음을 지각할만한 감성적 능력이 없는 관리자 밑에서 서비스를 해나가야 한다면, 스스로 3번과 같은 사람이 되기 위해 노력할 필요가 있을 것이다. 어쩌면 그런 감정 맷집 단련이 최일선

직원이 선택할 수 있는 유일한 돌파구일지도 모르겠다. 정말 안타까운 현실이다.

그러한 현실과는 달리, 진짜 고객을 대하는 태도가 좋은 기업이라면 100% 서비스 직원들을 대하는 관리자들의 태도 역시 대단히 우수할 것이다. 그런 기업들이 진짜 1류다.

보상, 올바른 코칭 그리고 고충의 해결

즉시성과 행동 연계성이 따르는 높은 보상으로 능동적 업무 의욕을 고취시키고, 잘못된 코칭 방법을 바로잡아 업무 의욕을 깎지 않는다면 좋은 서비스를 위한 기본 틀은 다져진 셈이다.

이것들 외에 직원들의 업무 의욕을 상승시키는 또 다른 강력한 카드가 바로 **고충의 해결**이다. **1번이 보상, 2번이 코칭 방법 개선, 3번이 고충 해결**이다.

기존의 난립되어 있는 3류 CS 강의에서도 직원들의 고충, 스트레스를 다루는 콘텐츠는 많이 있다. 그러나 앞에서도 언급했듯이 환경과 동기의 문제를 담아내지 못하는 CS 교육은 뭘 해도 그저 3류일 뿐이다. 고충, 스트레스 해소 부문에서도 마찬가지이다.

업무 스트레스는 무엇 때문에 증폭되는가?

단지 일이 어렵고 양이 많다고 해서 스트레스를 받을까? 스트레스가 업무 자체에서만 발생한다는 것은 아주 단순한 생각이다. 업무 스트레스는 주변 환경 및 동기 요소, 조직의 운영 원리에 따라 몇십 배로 늘어날 수도 있고, 확 줄어들 수도 있다. 직원들의 업무 스트레스를 필요 이상으로 증폭시키는 기업 내부의 잘못된 관행에는 어떤 것이 있을지 짚어보면 대략 이렇다.

1. 충분히 해결할 수 있는 트러블인데, 조직 내 갈등 요소로 인해 해결 시도를 하지 못하는 경우
2. 고충을 인정받지 못하는 경우
3. 의견 건의 통로가 막혀 있는 경우
4. 관리자가 조직의 문제를 억누르거나 은폐하려는 경우
5. '위계' '질서' 등의 관습적 논리를 앞세워 불필요한 고통과 번거로움을 강요할 경우

이런 관행이 완전히 없는 기업은 세상에 하나도 없을 것이다. 그러나 이에 대해 '어차피 다른 데도 다 마찬가지인걸 뭐' 하면서 정당화시키지 않고, 최대한 부조리를 줄이려고 노력하는 리더만이 미래를 약속받을 수 있으리라 생각한다.

가치에 대한 오판, 잘못된 정당화

여기서 말하는 가치란 말 그대로의 '가치'를 뜻한다.

"지들이 한심해서 그런 대접받는 거지, 누굴 탓해? 주제를 알아야지, 어디서 힘들다고 난리야?"(인간에 대한 가치판단)

"재들이 하는 게 뭐 대단한 일이라고 신경을 더 써줘? 집어치워."(역할에 대한 가치 판단)

등등의 표현으로 흔히 나타나는 인간과 그의 역할에 대한 가치 판단 말이다.

부하직원의 인격, 능력 그리고 하는 업무의 **가치를 올바로 판단하지 못하면 그 어떠한 정책도 구성원의 업무 의욕을 높일 수 없다.** 세상의 무슨 일이라도 의욕 없이 일을 잘해나갈 수는 없으니, 관리자의 머릿속에 잘못된 가치관이 박혀 있으면 그 조직에 희망은 없다.

물론 조직을 굴리기 위한 동력이 꼭 '희망'만 있는 것은 아니다. 모멸, 압박, 질책, 협박, 징벌 등등 사람을 움직일 동력은 그 외에도 여러 가지가 있다. 다만 희망이 질 좋은 연료라면, 나머지 것들은 불순물 섞인 불량 연료라고 할 수 있을 것이다. 저질 기름을 넣어도 차는 굴러가는 것처럼, 조직도 돌아갈 수는 있다. 물론 그런 기름만 먹은 차는 금방 폐차장으로 가게 되겠지만.

원래 인간은 자기의 인생관, 가치관이 잘못되었다는 사실을 받아들일 수 있을 만큼 강하지 않다. 아무리 나쁜 짓을 하는 인간이라도 그것이 정말 나쁘다고 생각하는 경우는 거의 없는 법. 타인에게 고통을 주는 자신의 가치관을 스스로 감지해내는 이는 거의 없으며, 설사 격렬한 반발에 봉착해도 타인에게 책임을 전가하는 정당화의 논리를 마음속에 강하게 구축해버린다.

발전과 혁신은 결코 게으름에만 방해받지 않는다. 그보다는 기존의 고착된 잘못을 옳은 일로 포장해주는 그릇된 가치관, 잘못된 정당화야말로 우리의 미래를 무섭게 말살하는 최대의 적이다. 나치즘도 얼마나 강력하게 스스로를 정당화했던가.

잘못된 정당화야말로 인류 최대의 적이다!!

두말할 나위가 없는 말이다. 과연 당신은 당신의 무엇을 정당화하고 있는가?

업무 스트레스 최종 도출 공식(?)

업무 스트레스는 업무 외의 요소에도 크게 영향을 받는다는 점을 감안하여 업무 외적인 요소까지 감안하여 업무 스트레스에 대한 조악한 도출 공식을 한번 써보았다. 공식이라고 부르기도 뭐한 것이지만.

> ∴ **최종 스트레스 값**
> **=실제 업무상 스트레스-(경제적 보상+권위적 인정)**

엄청나고 고도의 정신적 스트레스를 받는 일이라 해도 그에 상응하는 충분한 보상이 있고, 조직(사회)의 권위가 그 직업에 명예를 부여해준다면 최종적인 스트레스의 값은 상당히 줄어든다고 보는 것이다. 의사나 변호사 같은 직업이 고도의 스트레스를 받지만 사람들이 계속 하려고 드는 이유는 충분한 돈과 명예가 스트레스를 절감시켜주기 때문이다.

그런데 과연 서비스 종사자들의 경우는 어떠한가? 현실은 종사자들의 스트레스를 줄여주기는커녕, 오히려 폭증시키는 방향으로 구성되어 있다. 극단적인 예를 들자면, 의사나 변호사가 업무 때문에 고뇌에 빠져 있으면 멋있다고 칭찬해줄 사람이 있겠지만, 진상 고객에게 시달리는 서비스 종사자의 모습을 보고 멋있다고 해주는 이는 아무도 없다. 이것이 세상인심이고 이것이 인간이니 받아들일 수밖에 없고, 괜히 떠들어봐야 찌질하다고 욕만 먹을 뿐이겠지.

이 '최종 스트레스 산출 공식'을 역으로, 네거티브하게 바꿔보면 이렇게 써볼 수 있다.

> ∴ **최종 스트레스**
> **=업무 스트레스+(몰인정+빈약한 보상)**

따라서 최일선 서비스 종사자들의 스트레스는 업무 그 자체보다 월등히 높아질 수밖에 없다. 이 당연한 사실을 이해하지 못하고, 아니 직시하지 못하고 거들먹거리고 있는 3류 CS 강사나 저질 관리자들을 보면 그저 안타까울 뿐이다.

리더가 아래에 몸을 두면, 직원들의 스트레스가 줄어든다

그런데 만일 조직 내 최고위에 있는 사람이 실제 현장에 내려와

진상 고객 응대도 하고, 설거지도 하고, 빗질도 한다면 일선 직원이 어떤 감정을 가지게 될까? 최소한 그간 느껴왔던 몰인정, 소외, 가치 상실감이 조금은 줄어들지 않겠는가? 리더가 부하들과 똑같은 업무를 한번 해줄 때마다 공식은 이렇게 변할 것이다.

∴ **최종 스트레스**
=업무 스트레스-n(조직 내에서의 가치 인정)

여기서의 n은 리더가 부하들의 의견을 경청하는 횟수, 고충 해결을 위한 노력을 기울이는 횟수(꼭 해결되지 않더라도), 함께 일에 참여해 동고동락해주는 횟수 등을 뜻한다.

다만 오해하지 말았으면 하는데, 내가 하는 이야기는 일선 현장을 자주 시찰하라는 이야기가 아니다. 쳐다보러 돌아다니지만 말고 이야기를 듣고, 함께 일하고, 고난에 동참하라는 이야기다. 물론 리더는 나름의 업무가 또 있기 때문에 자주 그럴 수야 없겠지만, n(참여 횟수)을 늘리면 늘릴수록 직원들의 정신건강이 맑아지고 조직도 발전하게 된다.

무엇보다 잊지 말아야 할 점은, 인간은 자신이 하는 일에서 가치를 찾아내지 못할 때 스트레스가 폭증한다는 사실이다. 일 자체가 주는 힘듦은 두 번째 문제다. 그렇다면 리더가 해야 할 일은 무엇인가? 당연히 **직원들의 인생에 가치를 부여해주는 일**이 아닐까?

당신은 부하직원의 인생에 어떠한 가치를 만들어주고 있습니까?

제3장

한심한 CS 교육에
가려져 있던
더 중요한 서비스 마인드

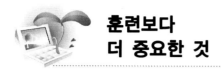

훈련보다
더 중요한 것

서비스에서 최고로 중요한 건 무엇일까? 대부분 서비스라고 하면 고객과의 직접적인 접촉에서 발생하는 일들을 떠올리지만, 가장 핵심적인 요소는 고객과 접촉하기 훨씬 이전에 거의 결정된다. 그것은 바로 다음의 2가지다.

1. 고객에게 제공되는 실질적인 혜택
2. 불편 사항에 대한 실직적인 타파

회사의 제품이나 대(對)고객 정책이 형편없다면 고객을 만났을 때 아무리 친절하게 대해줘도 돌아오는 건 욕설밖에는 없다. 이 당연한 이야기를 쓰는 이유는 많은 3류 CS 교육이, '모든 것은 응대 직원들의 서비스 마인드의 문제'라는 식으로 자기들만 편한 결론을 내려버리기 때문이다. 특히 무식한 리더가 이끄는 조직일수록 그런 식의 교육이 더 횡행한다.

실질적인 무언가를 제공해주는 것이 서비스다

실질적인 무언가를 제공해주지 못하는 것은 서비스라고 볼 수 없다. 필요 이상으로 기업에서 득세하고 있는 이미지 맹신은 서비스에 대한 정의를 다소 왜곡시켜놓고 있다. 직원들의 마음씨를 탓하기 전에 고객에게 제공해줄 실질적인 무언가를 만들어 내는 노력을 해야 하는 게 맞다.

이에 대한 내용은 이미 앞부분에서 충분히 언급되었다고 생각하는 바, 이번 장에서는 본격적으로 응대 직원들에게 직접 적용해볼 수 있는 서비스의 마인드와 기술에 대해 이야기해보려 한다.

훈련된 말투와 표정보다 더 중요한 것

가끔 항공사 광고를 보면, 스튜어디스들이 인사 자세 교정, 미소 훈련 등을 열심히 받는 장면이 나온다. 꽤 폼 나 보이기는 하지만, 20세기에는 어땠을지 모르되 표준화된 응대 패턴에 익숙할 대로 익숙해진 요즘 고객들에게 그런 걸로 더 이상 어필될 턱이 없다.

그러나 대부분의 고객 응대 교육은 아직까지도 이러한 기계적 트레이닝에 초점이 맞춰져 있다. 물론 그런 트레이닝이 전혀 필요 없다는 얘기가 아니다. 실제로 영세 기업의 경우 그조차도 제대로 안 되어서, 고객들과 짜증 씨름을 주고받는 곳도 많으니까 말이다. 그러나 그런 수준 이하의 기업들에만 눈높이를 맞춰서야 어떻게 차별화된 서비스를 제공할 수 있겠는가? 차별화를 향한 발걸음은 눈높이를 최대치로 맞출 때에만 내디뎌지는 것이다.

지금부터 누구나 다 아는 미소, 어투, 표정, 자세 트레이닝 보다 더 중요하다고 생각되는 원리를 얘기할까 한다. 이제부터 이야기하는 요소를 갖추느냐 못 갖추느냐가 바로 차별화된 경쟁력이 있느냐 없느냐를 나누는 기준선이 된다. 말하기 전에 노파심에서 한마디만

하면, 이 장에서 내가 얘기하는 방법들을 다 동원해도 도저히 만족시키지 못하는 고객이 생길 수 있다. 그래도 그 사실에 너무 실망해선 안 된다. 모든 병을 다 고치는 만병통치 의술이라는 건 없는 법이니까.

우리가 고통스러운 진짜 이유는 업무량이나 응대에 대한 부담이 아니다

어떤 이는 내가 이미지 강사들을 줄기차게 비판해댄 것을 의아하게 생각할 수도 있겠다. 그에 대해, "저 자식 혹시 예전에 이미지 강사한테 집적대다가 차였던 것 아니야?"라는 분석을 할 사람도 있을지 모르겠다. 물론 당연히 그건 아니다. 내가 이미지 강사에게 비판적 관점을 가지게 된 것은 어디까지나 그들에게 CS 교육을 받고 난 이후부터였다.

나의 서비스 응대 경험 그리고 몇 차례 이미지 중심의 CS 강의를 듣고 내린 결론은, 저런 교육은 1-2회 이상 들을 가치가 없다는 것이었다. 특히 3류 이미지 강사들에게는 현업 최일선 종사자들이 지금 느끼고 있는 그 무언가가 결정적으로 결여되어 있었다. 그것은 무엇일까?

서비스를 하면서 겪게 되는 최고의 고통은 **인격적 비하**다. 그중에서도 명예와 관련된 인격적 비하가 최강이다. 예를 들면, "얼마나 못났으면 이런 일이나 하고 있는가?"라는 폭언이라던가, 형편없이 낮게 책정되는 보수 같은 것들이 사람에게 하염없이 아픈 인격적 상처를 주는 것이다. 그리고 그러한 고통은 **환경과 제도**를 바꾸지 않는 한 반드시 되살아난다.

　대부분의 이미지 강사들은 서비스업 중에서도 비교적 럭셔리하다는 곳에서 일하다가 온 사람들이다. 언제나 교육생들 앞에서 자기가 누려온 예의 럭셔리 서비스 문화를 과시하기 바쁜 그들이, 과연 위와 같은 최악의 인격적 비하를 어느 정도나 이해할 수 있을 것인가?

　세상 어떤 일이건 간에 그것을 잘하느냐 못하느냐를 결정하는 가장 결정적 사유는 동기부여다. 대개의 이미지 강사들은 세상으로부터 인정받는 럭셔리한 명예와 높은 보수로 비교적 높은 동기부여를 촉진 받았던 사람들이다. 만일 그들이 상대적으로 더 열악한 환경, 무시, 비하, 몰인정, **처참한 동기부여 속에서** 힘겹게 서비스하는 하는 타 업종 종사자들을 가르치려 든다면 최소한 그 와 같은 사실을 인지하고는 있어야 한다. 그러나 많은 3류 이미지 강사들은 교육생들보다 우월하다는 럭셔리 자기 환상에만 취해 있을 뿐, 동기부여라는 가장 중대한 요소를 꿰뚫어보지 못한다.

　서비스가 안 되는 가장 큰 이유는 바로, 열악한 보상과 몰인정에서 나오는 **자기 상실감!** 그 사실을 알아낼 지성도 없는 주제에 지겹도록 이미지 꾸미는 얘기만 남발해대는 3류 CS 강사들의 교육은 무익하다기보다 해악에 가깝다.

　겉만 번지르르한 이미지 꾸미기 지식이 없다고 위축될 필요는 전혀 없다. 진정한 서비스맨 최고의 자질은 그가 겪어온 마음의 상처와 인간에 대한 성찰이지, 폼 나는 껍데기 지식이 아닌 것이다.

진짜 중요한
서비스 요소는 무엇인가?

지긋지긋한 메라비언의 법칙, 3류 CS 강사들의 한계

수많은 CS 교육이 시각적 이미지를 대단히 중시하고 있다. 물론 이미지는 중요하다. 그러나 알맹이가 부실한 과일이 껍질로만 사람을 유혹하는 것도 한계가 있는 법. 3초, 3분간의 이미지도 중요하지만 고객과의 관계는 30분, 3시간, 3년의 시야도 함께 가지고 있어야 한다.

이와 관련하여 이미지 맹신도들이 자주 언급하는 것이 메라비언의 법칙(The Law of Mehrabian)이다. 이른바 비언어적 커뮤니케이션, 인상의 중요성을 강조한 법칙인데 어설픈 3류 CS 강사와 이론쟁이들이 지긋지긋하게 써먹어대는 예시다. 그런데 이 메라비언의 법칙이 나온 것이 1970년, 무려 40년 전에 발표된 것이다.

이 이론에 따르면 커뮤니케이션에서 시각 효과가 55%, 청각 효과가 38%, 언어는 불과 7%밖에 영향력을 차지하지 못한다고 한다. 까마득한 옛날에 나온 이론을 무슨 최신 트렌드인양 잘난 척하며 써먹는 수준 낮은 강사들 그리고 그들의 말에 마냥 고개를 끄덕이는 어설픈 이미지 신봉자들. 그 모든 분들께 묻고 싶다. 과연 이 법칙이 맞는 것인가?

전체 100%에서 7% 정도라면 거의 있으나마나한 정도의 비율이다. 이 법칙대로라면 "야! 이 씨X 새X야, 뭘 꼴X 보냐?"라는 욕설도 싱글싱글 웃으며 멋진 이미지를 보이며 말하면 93%의 호감을 줄 수 있다는 얘기다. 그럼 어디 한 번 환하게 웃으면서 나긋한 목소리로 옆 사람에게 "야! 이 씨X 새X야, 뭘 꼴X 보냐?"라고 말을 걸어보자. ('X'가 뭘 뜻하는지는 대한민국 사람이면 다 알 것이다.) 그리고 과연 그 사람이 당신에게 어느 정도 호감을 주는지 측정해 보라. 과연 93점 이상의 호감을 얻어냈는가? 아니, 그 이전에 당신의 뺨은 과연 무사한가? (물론 내가 시킨다고 진짜 할 사람이 어디 있겠냐만……)

언어의 힘은 약하지 않다

언어의 힘은 이미지 맹신도들이 떠들어대는 것처럼 그렇게 약하지 않다. 서비스에서도 마찬가지다. 우리에게 가장 무서운 것은 **단편적 이론에 의해 형성된 어설픈 고정관념**일 것이다.

물론 그렇다고 이미지가 필요 없다는 게 아니다. 상대적으로 3류 CS 강사들과 메라비언 법칙 같은 어설픈 이론들이 내재적 요인의 중요성을 간과하고 있다는 것이다.

이미지도 중요하지만

첫 이미지는 좋았지만 단 3분만 이야기를 해보아도 커다란 불쾌감을 날려주는 서비스 직원들은 무수하게 많다. 그들은 그냥 이미지 교육만 받아서 그 지경이 된 거다.

어떤 병원에 갔는데 카운터 직원 20여 명이 업무를 시작하기 전에 깊은 각도로 "고객님, 안녕하십니까? 행복한 하루 되십시오"라며 단체 인사하는 것을 보았다. '어라?' 하는 생각이 들었는데, 막상 창구에서 예약 시간 때문에 약간 실랑이를 할라 치니 바로 직원이 짜증을 못 참고 불쾌한 단어들을 마구 토해내는 것이었다. 인사하는 교육 받으신 건 좋은데 이게 뭐하자는 건지…… 하는 생각이 들지 않을 수 없었다.

껍질도 중요하지만, 껍데기 이면에 한 발짝 더 들어가느냐 아니냐가 수준을 판가름 짓는 요소가 된다. 한 발 더 들어가지 못하면 그냥 남들 하는 정도의 서비스만 할 뿐이다.

서비스 마인드의 종류는 너무나 다양하다

매너, 인사 자세 등 비주얼 이미지에 대한 이야기만 봇물을 이루고 있지만 서비스 마인드란 내·외적인 부분에 있어 그 종류가 참으로 다양하다. 껍데기 이미지만 강의를 해대는 강사는 다채로운 서비스 경험이 없기 때문에 그것밖에 소스를 뽑아내지 못하는 것일 뿐이다.

예를 들기 위해 이런 사례를 한번 소개해보겠다. 꽤 많이 겪으셨을 법한 일이다.

한 콜센터 직원이 항의성 강한 전화를 받다가 말다툼이 있었던 모양이다. 고객은 욕설이 섞인 격한 항의를 하다가 더 높은 사람을 바꿔달라고 요청했는데 이 직원은 눈치가 보여서 진짜 높은 사람을 바꿔주기는 부담스러웠다. 그래서 옆에 있던 동료에게 도움을 청했는데, 그만 전화를 '통화 대기' 상태로 놓는 것을 깜박하고 이렇게 외치고 말았다.
"아이씨!! 이 진상 어떡하지?"
그 말은 고객에게 에누리 없이 들려버렸다.

그 후에 일이 어떻게 수습되었는지는 들은 바가 없다. 과연 수습이 되기는 했을까? 그저 어처구니없는 사고로 보일 수도 있지만, 고객을 응대하는 우리에게 참으로 여러 가지를 시사해주는 사례이다.

일단 위 직원의 문제점이 무엇이었을지 살펴보자. 과연 그에게 무엇이 부족해 저런 일이 벌어진 것일까? 고객을 내 가족처럼 사랑하는 러브 마인드가 부족했던 것일까? 아니면 스트레스를 다루는 셀프컨트롤 능력이 부족했던 것일까? 그런 부분도 없지 않겠지만 그런 식의 관점을 가지고 응대 직원들을 바라보기 시작하면 최고의 서비스는 영원히 달성할 수 없다. 왜? 그것이 주요 원인이라면 결국 모든 응대 직원들을 공자님 같은 사람만 뽑거나, 전부 맹자님 같은 성인으로 만들어야 하는데 그게 어떻게 가능하겠는가? 특히, 터무니없는 박봉과 극심한 조직 내 몰인정 속에 살고 있는 직원이 그런 마인드를 갖추기는 너무나 어려운 일이다.

너무나 쉽게 착한 마음씨가 모든 문제의 해결책이라는 식의 대사는 떠벌이지 말자. 말하는 사람이 부처님 같은 훌륭한 인격자이면 모르되 그렇지 않다면 "댁이나 잘하세요"라는 답변밖에는 해줄 게 없으니 말이다.

가장 중요한 마인드

대부분 3류 CS 교육이 정의하고 있는 서비스 마인드라는 것은 친절, 봉사 정신, 고객 사랑이란 단순한 단어로 요약될 수 있다. 마인드치곤 실로 빈약한 마인드가 아닐 수 없다.

서비스 마인드에 포함되어야 하는 요소들은 우리가 생각하는 것보다 훨씬 더 다양하며, 개중에는 미소나 봉사정신보다 더 중요한 것도 있다. 그중 한 가지 얘기하고 싶은 것이 바로 조심성, 조심하는 방법이다. 가히 서비스 최고의 고려사항이라 부를만한 것으로, 제 아무리 철저한 트레이닝으로 표정과 자세를 만들어도 조심하는 마음가짐이 없으면 순식간에 고객을 폭군으로 바꾸어버릴 수 있다.

조심성이라 함은 다음과 같은 질문을 늘 마음에 담고 고객을 응대하는 것이다.

1. 이렇게 반응을 보이면 고객의 감정을 건드리지는 않을까?
2. 이렇게 했을 때 고객이 불편해하지는 않을까?
3. 혹시 나중에 문제가 생길 소지는 없을까?

조심성이 몸에 익어 있는 친절과 그렇지 않은 친절은 고객과의 접촉 시간이 길어지면 대번에 차이가 드러난다. 조심성 없는 직원은 설사 잘 트레이닝 된 표정과 말투를 가졌다 해도, 대화 및 번 나누다보면 고객을 분노케 하는 언행을 술술 토해낸다. 진짜 일류 서비스를 하고 싶다면 껍질 트레이닝에서 벗어나서 해당 업종에 맞는 **길고 다양한 상황**에서의 조심하는 방법을 교육해야 한다.

새로운 서비스 마인드 요소를 더 만들자

친절함만 강조하는 단조로움에서 벗어나, **서비스 마인드의 구성요소를 보다 다양하게 설정**하는 것이 차별화된 장점을 만드는 첫걸음이 된다. 업종 특성에 맞게 말이다. 나는 가장 먼저 조심성을 이야기했지만 그 외에도 중요한 마인드 요소는 많다.

조심성 다음으로는 고객을 대하는 **진지함**이다. 3류 CS 강사들이 흔히들 고객을 대할 때 "진정성을 가져라"라는 이야기를 많이 하는데 그와는 전혀 다른 의미이다. 아무리 철저한 외양적 트레이닝을 거쳐 소위 깔끔한 서비스 매너를 보였다 할지라도 고객을 대하는 **내재적 진지함**이 갖춰지지 않으면 껍질만 그럴듯한 쭉정이 서비스가 될 뿐이다.

고객을 끌어오는 최대의 무기: 진지함

이런 경우가 있었다. 소프트웨어 설치가 잘 안 되어 어느 제작업체에 문의를 남겼는데, 담당 프로그래머인 듯 보이는 분이 직접 회신을 주었다. 그분은 무려 1시간 가까이 친절하게 조작법을 설명해 주었는데 다른 업무가 있는 직원이 장시간 고객을 상대한다는 것이 얼마나 부담이 되는지를 잘 알고 있었기에, 나중에는 내가 미안해질 지경이 되었다.

시간 투자도 투자지만, 무엇보다 내가 감격했던 것은 그 분의 진지함이었다. 그분은 보이스 트레이닝은 고사하고 서비스 교육도 받은 적이 없는 게 확실한 프로그래머였지만, 시종일관 차분하고 진지한 자세로 나의 불편을 해소해주기 위해 노력했다. 그분이야말로 얼치기 3류 서비스 강사들보다도 월등하게 뛰어난 진정한 서비스맨이었다. 그리고 그분이 나를 감동시킨 단 하나의 요인은 바로 사안에 대한 깊은 '진지함'이었다.

우리 모두는 '나'를 진지하게 맞이해주는 사람을 좋아한다. '나'를 가볍게 대하는 사람을 좋아할 턱이 없지 않은가? 그런 경우라면 오히려 화가 치밀어 오른다. 이 당연한 법칙은 서비스에도 그대로 적용될 것이다. 늘 밝은 모습으로 고객을 대해야 한다는 교육을 받은 직원들이 많은데, 멍청한 경우는 밝음이 가벼움으로 이어져버리는 경우다. 겉으로는 훈련된 미소를 보이고 있지만 해당 고객의 존재, 그의 요구를 무겁게 받아들이지 않고 태도에서 전혀 진지함이 묻어나지 않는 직원이 너무나 많다.

언제부터인가 우리 사회에서 진지함이 경멸과 조소를 받고 있는 듯하다. "너무 진지하면 부담된다, 진지해버리면 여자친구가 안 생겨" 등등의 말을 듣는데 그건 그것대로 맞는 말일 수 있겠지만 최소한 고객에게라면 아무리 심하게 진지하게 맞이해도 문제될 것이 없다. 특히 기업 입장에서는 진지함이 부족한 사람들을 고객 불만 응대에 배치했다가는 대단히 큰 욕을 보게 된다.

어떠한 경우라도 고객은 무겁게 대해야 한다

예를 들면 개그콘서트에서 관중으로 온 고객을 무대로 올려 장난치는 경우 같은 아주 특수한 경우가 아니고서는 고객은 반드시 무겁게 맞아들여야 한다. 그리고 진지한 태도로 "제가 당신을 무겁게 받아들이고 있습니다."라는 사실을 전달해주어야 한다.

무거운 태도를 보이라는 것이 딱딱한 사무적 자세를 취하라는 것이 아니다. 고객을 사무적으로 맞이하는 것은 어떠한 경우든 별로 좋을 것이 없다. 사무적으로 무거운 것이 아니라 **인격적 무게감을 존중해주면서 인간적**으로 대하자는 것이다.

그럼 그 정도는 어디까지 해야 좋을까? 가능하다면 그 고객이 미안함을 느낄 정도까지 구현하면 좋다. 우리는 나를 위해 나보다도 더 진지하게 노력해주는 사람의 모습을 보면 감동을 받고 미안해지기까지 한다. 진정 최고의 서비스라면 그 정도의 수준을 목표로 삼아야 한다고 본다.

〈가장 중요한 기본 서비스 마인드〉
① 조심성　　　　② 진지함

고객을 이해하라는
말만 하지 말자

당연한 얘기지만, 커뮤니케이션의 기본은 상대의 마음에 맞는 대응을 보이는 것이다. 서비스 역시 고객의 마음에 맞는 적절한 태도를 보임으로써 완성된다. 천편일률적인 CS 교육의 작태를 보면, 고객의 마음을 살펴보는 것부터 시작하는 게 아니라 무턱대고 "사랑합니다, 고객님, 방긋"부터 시작하는데, 그런 교육이라면 이미 '3류 교육 인증 도장'을 확실히 찍은 것이라 보면 된다.

기업을 찾는 고객의 마음과 종류

고객이 기업을 찾아올 때의 마음 상태를 대략 몇 개만 뽑아보자면 이런 정도일 것이다.

1. 기쁜 마음(음식을 먹으러 오거나, 놀러 오거나)
2. 화나는 마음(불만 제기 등)
3. 신중한 마음(최적의 구매를 위해 고민하고 있을 때)
4. 급한 마음(빨리 연료를 넣고 차 몰고 가야 할 때)
5. 조심스러운 마음(섣불리 결정했다가 크게 후회했던 고객)
6. 아니꼬운 마음, 누적된 증오심(불만이 쌓이고 쌓인 경우)
7. 별 생각이 없음, 무수히 다양한 기타 등등

생각해보자. 과연 이 모든 마음의 상황에서 "사랑합니다, 고객님, 방긋 미소"가 최적의 응대가 될 수 있을까? 절대 그렇다고 볼 수 없다! 밝은 미소가 마냥 좋을 것 같지만 그건 역시 복잡하고 천변만화하는 서비스 상황을 겪어보지 않은 3류 강사들이나 떠들어댈 수 있는 얘기다. "나는 이렇게 화나는데, 너는 웃고 자빠졌냐? 야! 이 xxxx!" 하는 반응을 한두 번 목격한 게 아닌 나로서는, 어떤 심리 상황에나 다 적용되는 만능 응대법 따위는 있을 수 없다는 결론을 내릴 수밖에 없었다. 고객의 심리 상태에 따라서는 웃음과 180도 정반대인 처절한 고뇌의 표정을 보여주는 것이 빠르고 기분 좋은 해결을 이끌어주는 경우도 분명히 많았다. 그런 말도 안 되는 일이 어떻게 가능하냐고 반문하는 사람은 기본적으로 다양한 서비스 경험이 부족한 것이다.

그렇다고 해서 미소가 나쁘다는 얘기는 아니다. 그러나 제대로 된 CS 교육이라면 당연히 **기계적이고 고정적**인 매너나 태도 교육에만 천착할 것이 아니라 **우리 회사를 찾는 고객의 심리 상태에 대해 정확히 분류하고 인지**하는 법부터 가르쳐야 맞다. 위에 사례로 든 7가지 심리는 사실 고객이 가질 수 있는 마음 종류의 극히 일부로, 그냥 막 생각나는 대로 써본 것에 불과하다. 각 기업은 각자 사정에 맞는 고객의 마음에 대한 '**분류**'를 하고, 서비스 직원들이 그 내용을 명확히 '**인식**'하고, 그 인식에 바탕을 두고 '**최적의 반응**'을 하게끔 교육해야 한다.

이 장의 제목인 '고객을 이해하라는 말만 하지 말자'는 고객을 이해하지 말라는 게 아니다. **고객의 무엇을, 어떤 심리를 이해하자는 건지**를 명확히 정의하자는 것이다. 3류 CS 강사들은 이 '무엇을'에 해당하는 부분을 세세히 밝히지 못하고 그저 "고객을 진심으로 이해하세요"라는 말만 주문 외우듯 떠들어댄다. 그 정도 지적 수준을 가진 강사들의 강의가 비싼 값에 팔리는 걸 보면, 입에서 절로 욕이 터져 나올 수밖에 없다.

일류 기업에서도 좀처럼 이해하지 못하는 고객 심리

3류 CS 강사들도 고객의 심리에 대해 분석을 하긴 한다. 그러나 '화가 났다 or 화가 나지 않았다' 식의 저급한 분석밖에는 못한다. 인간 심리가 얼마나 종류가 다양한데…….

인간의 다양한 마음 중, 현재 최고의 CS를 하고 있다는 일류 기업에서도 제대로 이해하지 못하는 고객의 심리는 '**신중함과 조심성**'일 것이다. 위의 분류에서도 그래서 일부러 굵게 쓴 것이다.

시대가 변할수록 고객은 점점 더 신중해질 것이다. 그 반대의 경우는 벌어지지 않는다. 그리고 고객은 자신의 신중함과 조심성을 이해해주는 기업만을 찾게 될 것이다. 최고로 유명한 기업이라는 곳에서도 그것을 이해하지 못하고 고객에게 종용하는 경우를 아주 쉽게 목격할 수 있다.

고객을 제대로 이해한다 함은, 발생 가능한 수많은 다양한 마음들을 감지하고 양해해줄 줄 안다는 것. 특히나 고객 불만 응대에서는 더더욱 그렇다.

〈가장 중요한 서비스 마인드〉
① 조심성　　② 진지함　　③ 다양한 심리 인지

어설프게 진정성을
강요하는 것보다

'진정성' 이란?

3류 CS 강사들이나 동네 훈장선생 같은 관리자들이 많이 남발하는 이야기는 "고객을 대할 때 진정성을 가지고 그들을 이해하라."는 것이다. 참으로 미안한 얘기지만, CS 교육은 중학교 도덕 수업이 아니다.

말 자체는 틀린 것이 없는데, 상황에 따라 정말 어이없게 느껴지는 멘트가 있다. 예를 들어 자기는 단 한 명의 부하에게도 진정한 이해를 못 보여주면서, 아랫사람들에게만 진정성을 강요하는 터무니없는 상사가 위와 같은 대사를 입에 담는다면? 또는 에어컨도 제대로 안 나오는 사무실에서 매일 수백 통의 맹렬한 항의 전화를 받는 사람에게, 거두절미하고 "고객에게 진정성을 가지세요"라는 말만 다짜고짜 획 던진다면 어떨까? 우리 주변에서 말 자체는 맞는 말인데, 상황에 따라 귀신 씨나락 까먹는 소리로 변질되어버리는 경우가 많다. 그리고 대부분의 3류 CS 교육이 그런 우를 범하고 있다.

원래 남에게 강요하긴 쉬워도 자기가 행하기에는 어려운 게 진정성이다. 그 정도 사실조차 성찰하지 못하는 3류 CS 강사들이 진정성이라는 단어를 유치원생에게 사탕 꺼내주듯 쉽게 내던지곤 한다. 힘든 상황을 뚫고 발휘되는 진정한 진정성의 무게감을 느껴보지 못한 이들만이 그 말을 남발하게 마련이다.

이 책 전반에 걸쳐 3류 CS 교육이라는 말을 많이 쓰고 있는데, 이에 대해 한번 정리해보자면 이렇다.

▸ **"진정성을 가지라"고 말한다** ⇨ **3류 CS 교육**
▸ **'진정성'의 씨앗이 발아될 수 있는 비료를 뿌려준다**
　　⇨ **괜찮은 CS 교육**

이해심, 포용력, 역지사지 등 중학교 도덕책에 나오는 단어들만 제 잘난 맛에 취해 떠들다 가는 3류 CS 강사들을 보고 나면 마음이 참으로 착잡해진다. 그럴 때는 갈등하지 말고 과감하게, "놀고 있네!!"라고 말해주는 게 좋은 선택이라고 생각한다. 물론 속으로.

나는 차라리 그런 뻔한 얘기보다는 "연기를 하자"라는 말을 하고 싶다. 우리는 마더 테레사가 아니다.

감정적인 공감을 표현하고 연기한다

앞 장에서 제시한 서비스 마인드들인 ① 조심스럽게, ② 진지한 태도를 고객에게 보이면서, ③ 다양한 고객의 고민을 이해하고 충분히 기다릴 줄 알며, ④ 거기에 더해 고객의 감정에 적절한 공감을 표현해준다면 그야말로 화룡점정이다.

사실 살면서 친한 친구 사이끼리도 마음을 맞추기가 쉽지 않은데, 직원과 고객 사이에서 완전한 공감을 이룬다는 것은 너무나 어려운 이야기다. 그렇기에 '공감'을 도출할 수 있는 노력에는 크게

2가지 종류가 있겠다.

1. 공감하려는 노력
2. 공감하고 있음을 표현하려는 노력

이 두 가지는 동시에 모두 필요한 것이다. 아무리 마음속으로 공감하고 있어봐야 겉으로 공감이 표현되지 않으면 말짱 꽝이다. 긴 만남이 보장되는 친구나 동료 관계가 아니기 때문에 **짧은 시간 동안 강하게 표현**해주지 않으면 고객은 반드시 오해를 하게 된다. 효과적인 고객과의 커뮤니케이션, 가장 효율적인 결과를 얻어 내기 위해 때로는 연기력이 필요할 때조차 있다.

완전한 이해는 어차피 불가능하다

개나 소나 고객에 대한 진정성을 떠들어대는 시대에 연기가 필요하다는 얘기를 하다니, 너무 가식적으로 보일 수 있지만 사실은 전혀 가식이 아니다.

안 그럴 것 같지만 사실 우리 인생은 영원히 계속되는 연기의 연속이다. 과장의 지시가 터무니없다고 생각되어도, "역시 우리 과장님! 훌륭하십니다!"라며 엄지손가락을 치켜세워주고, 동료의 헤어스타일이 촌스럽다고 생각되어도 "최신 유행 스타일이네요. 멋져요~"라고 칭친을 해주는 게 우리의 삶이다. 어찌 보면 연기야말로 조직과 인생을 잘 굴러가게 만드는 필수 요소일 수도 있다.

만일 우리가 연기를 전혀 하지 않고 인생을 살아나간다면 어떤 일이 벌어질 것인가? "아니, 과장님. 지금 그딴 걸 지시라고 내리십니까? 어이가 도망가네요.", "아니~ 그게 돈 주고 한 머리 맞아요? 내가 잘라도 그것 보단 잘하겠네, 크하하~" 인간들이 연기를 배제한 채 솔직한 반응만으로 살아왔다면 인류 역사에서 싸움은 천 배쯤 더 많이 발생했을 것이다. 서비스에서도 마찬가지로 어차피 인간은 타인을 100% 이해할 수 없다는 점을 피하지 말고 인정할 필요가 있다.

고객의 고민도 물론 이해해야 하지만 직원 역시도 하루에 수백 통씩 쏟아지는 전화와 밀려드는 항의에 지칠 대로 지친 상태. '대체 나는 누가 이해해준단 말인가? 물론 돈을 받기는 하지만 너무 힘들다'라는 생각은 인간이면 당연히 들 것이고, 그런 상황에서 타인만 100% 이해해줄 수 있는 성스런 인물이 대체 얼마나 될 것인가? 그저 허구한 날 진정성, 포용심, 이해, 배려 등 도덕 교과서에 나오는 단어들만 남발해대는 3류 CS 강사들을 보자면 정말 욕이 안 나올 수가 없다.

때때로 그들의 이야기를 듣다 보면, '내가 타인에 대한 이해심이 부족한 나쁜 놈이었나……? 아아, 내가 이토록 포용력 없는 사람이었다니…….' 하는 생각이 들 수도 있지만, 그건 떠들어대고 있는 강사도 별 차이가 없을 것이다. 타인을 진심으로 이해하는 일은 누구에게라도 어려운 법. 역으로 3류 CS 강사가 박봉과 인격적 모멸 속에 힘겹게 살고 있는 서비스 종업원들의 고충을 이해한다면, 과연 그렇게 쉽게 떠들어댈 수 있을 것인가?

고객에 대한 진정성, 그 필요성을 부정하는 것이 아니다. 다만 진정성이니 포용력이니 하는 뻔한 말만 해대는 것은 폭우로 둑이 무너지는데 신령님께 빌기만 하는 행태와 다를 것이 없다는 뜻이다.

경우에 따라서는 표현 연기가 필요할 수도 있다. 그것은 속임수가 아니다

선의의 거짓말이라고나 할까. 아무리 노력해도 이해하기 힘든 고객이 있는 법이다. 너무나 황당한 요구를 하는 고객도 있고, 과도한 업무 때문에 피로에 절어 있을 때 삿대질하며 달려오는 고객을 만나면 성인이 아닌 한 그 모든 상황을 포용하기는 정말 어렵다. 이것이 말하자면 현장 서비스 위기의 순간이다.

그런 상황을 뼈저리게 겪어보지도 않은 채 무턱대고 착한 마음씨만 강요하는 것은 역시 3류 강사, 3류 관리자들만의 특징인데, 그들의 어리석은 코멘트에 휘둘려 자신을 책망할 필요는 없다. 나는 선량한 마음씨를 키우는 하염없는 노력을 하느니, 차라리 어려운 상황에 닥쳤을 때는 아예 한 편의 연극을 펼친다는 마인드를 가져보면 어떨까 싶다.

영화나 드라마에서의 연기를 보자. 10대 때부터 스타가 되어서 외제차를 몰고 다녔던 스타가 비련의 여주인공 인생을 연기한다면 어떨까? 어려서부터 알부자였던 슈퍼스타가 비참한 인생을 제대로 이해하기 어렵듯, 서비스 종사자들 역시 고객을 이해하기가 너무나도 힘든 상황이 생길 수 있다. 기본적으로 인간은 타인의 사정보다 자신이 사정을 먼저 이해하기 마련. 더군다나 상대방의 힘과 권력이 자기보다 못하다고 생각되면 아예 이해하려는 노력조차 하지 않는 것이 인간이다.

그런 동시에 인간은 자기는 상대를 이해하지 않으면서 상대는 자기를 이해해주길 바라는 해괴한 존재이다. 더군다나 돈을 내는 고객이라면 당연히 기업과 서비스 직원에게 강하게 이해받기를 바란다. 물론 그런 요구를 할 만한 가치도 있다.

애초에 아예 서로를 이해하기 어렵다면 이해하는 척이라도 해주면 어떨까? 최소한 '척'조차 하지 않는 것보다는 상대의 기분을 덜 나쁘게 만들지 않겠는가? 여기서 말하는 '척'이란 강력한 표현을 의미한다.

고객과 직원의 관계는 이러지 저러니 해도 일회적이고 피상적인 인간관계다. 그 짧은 만남에 '척'조차 하지 않아서 고객의 기분을 나쁘게 하느니 아예 확실히 연기해줘서 기분 좋게 돌아가도록 만드는 게 낫지 않겠는가? 안성기의 연기를 보고 그를 사기꾼이라고 욕하는 사람은 없다. 서비스에서도 진짜 명연기를 펼친다면 그것은 진실만큼이나 큰 감동을 줄 수도 있다. 우리가 명배우의 연기에 감동하는 것처럼 말이다.

로마 황제도 말했다. 인생은 어차피 한 편의 연극

"고객을 따뜻한 마음으로 포용하세요. 고객을 너그럽게 이해하세요. 당신이 행복하지 않은 건 당신의 마음씨가 못돼먹었기 때문입니다." 따위의 착한 마음씨 증강을 때려치우고 연기력 증강으로 초점을 맞추면 여러 가지 이점이 생긴다.

예를 들면 이런 것이다. 고객이 삿대질하고 욕하고 난리치는 상황이 벌어지면 그것을 한 편의 연극이라고 생각해보자. '나는 단지

이 연극에서 직원 역할을 맡은 배우일 뿐이다.'라고. 어떤가? 스트레스가 좀 줄어들 것 같지 않은가? 이건 절대 자기기만적 사고가 아니다. 오히려 진실에 가깝다. 로마 황제 아우구스투스는 말년에 이런 말을 남겼다. "나는 인생이라는 극장에서 배우의 역할을 제대로 수행해 온 것일까?"

어차피 인생이 연극이라면 아예 철저하게 연기력을 가다듬는 게 상대에게도 좋고 나에게도 좋다. 고객 서비스 역시 마찬가지다.

이해와 공감을 강하고 적극적으로 표현하자

훌륭한 연기자는 표현력이 뛰어난 사람이다. 몸으로, 얼굴로, 억양으로, 감정을 전달력 높게 표현하는 사람을 우리는 명배우라고 부른다. 고객 서비스에서도 마찬가지로, 훌륭한 서비스맨은 고객을 이해하려 노력함과 동시에 이해한다는 사실을 고객을 느낄 수 있도록 잘 표현하는 사람이다. 그것은 사기도 거짓도 아니다. 관계를 부드럽게 해주는 윤활유일 뿐이다.

구체적으로 고객의 사정이나 사연을 잘 '공감'하고 있다고 나타내줄 만한 표현 방법에는 여러 가지가 있을 터인데, 예를 들면 대화를 하다가 호응을 나타내는 적절한 추임새를 넣어주는 것이 좋다.

특히 고객 불만 응대 시에는 적절한 연기력이 필수적이다. 잠깐만이라도 안성기가 되어보는 것이 나쁠 건 없다. 나와 그리고 고객을 위해서. 그건 절내 가식이 아니다.

고객을 이해하기 위해 필요한
또 다른 이해

고객 응대 직원들이 쉬는 시간에 나누는 푸념 중에는 이런 것이 많다.

"세상에, 살다 살다 그런 진상은 처음 봤어……."

"정말 세상에 그런 지독한 사람이 있을 줄은 몰랐어."

직접 고객 응대를 하지 않는 높은 분들은 고객에 대한 무조건적인 사랑과 헌신을 쉽게 이야기하지만, **지금 현재** 피부로 느끼고 있는 사람들에게 다가오는 부담감은 **과거의 경험을 추억하며 느끼는 것과는 차원이 다르다.** 이 세상에는 정말로 독특한 성격의 고객, 유달리 지독한 고객이 있는 것이 엄연한 사실이다. 그런 사람들은 잊을만하면 나타나 마음을 괴롭게 한다.

사실 직원들의 여건을 등한시한 채 마인드만 강요해대는 한심한 관리자는 비판받아 마땅하지만, 고객에게 잘해줘야 하는 건 당연하다. 그리고 누군가에게 잘해주기 위해서는 가장 먼저 그 사람을 이해해야 한다.

이해심을 확장시켜주기 위한 방법

서비스를 하다가 힘든 고객이 등장했을 때, 우리는 우선 그 고객의 마음을 이해해야 한다. "'뭐 이런 지독한 인간이 다 있어?'라는 생각부터 하지 말고 충분히 그럴 수 있다는 생각을 가져보아야 한다."는 말이 대개의 3류 CS 강사들이 떠들어대는 얘기다.

물론 나도 그 말 자체를 부정하지는 않는다. 다만 무언가를, 다른 사람을 이해할 때는 "그냥 이해하자!!"고 소리만 높여봐야 잘되지 않는다. 인간은 원래 다른 인간을 이해하기 힘든 뇌구조를 지니고 있다.

이해심이라는 것은 근육의 힘(근력)처럼 사람에 따라 그 힘의 용량이 다르다. 그것은 타고나는 것이 절대 아니고, 계기와 환경, 교육에 의해서 얼마든지 용량이 변하는 것이다. 인간이 가지는 정신적 능력 중에서 훈련과 노력에 의해 변하지 않을 것이 어디 있겠는가? 직원의 이해심 역시 마찬가지다.

그럼 서비스 직원들이 갖게 되는 고객들에 대한 이해심을 더 크게 넓혀주려면 어떻게 해야 하는가? 무슨 작업을 해야 직원들의 이해심이 바이칼 호수처럼 넓어질 수 있을까?

이런 경구가 있다. 사랑을 받아본 사람이 사랑을 줄 수 있다고. 마찬가지로 현재 생활에서 타인에게 깊고 폭넓은 이해를 받고 있는 사람이라면 역시 스스로도 이해심을 가지고 세상을 바라볼 수 있다. 반면, 사사건건 이해받지 못하고 투쟁적인 삶을 살아가야 한다면 당연히 이해심을 가지고 다른 이를 바라볼 수 없을 것이다.

대(對)고객 서비스에 있어서도 이 원리가 달라질 이유는 없다. 고객에 대한 직원들의 이해심을 확장해주고 싶다면 가장 좋은 방법은 관리지들이 직원들의 고충을 깊고 온전하게 이해해주는 것이다. **조직 전체에 서로를 이해하는 분위기가 충만해지면 당연히 직원들은 고객에게도 풍부한 이해심**을 보여줄 수 있다.

조직 구성원들끼리 서로의 고충을 이해해주는 것. 이는 얼핏 쉬워 보이지만 실제 기업 내에서 잘 이뤄지지 못하고 있다. 서로 자기의 일, 자기 파트의 괴로움만이 최고라고 주장하며, 상대방의 고충을 무시하거나 폄하하기 일쑤다. 만일 전체 구성원이 깊고 넓게 서로를 이해해주는 기업이라면 규모나 매출액과는 관련 없이 진정한 일류 기업이라 부를 수 있을 것이다.

환상적 고객 지상주의에 취한 자뻑 이론쟁이들이 득세하면, 그 기업에서는 현장에 대한 올바른 이해가 실현되기 어렵다. 환상은 현실로부터 눈을 돌리게 하고, 고통과 불안을 외면하라고 강요한다. 그러나 고통스러운 모든 것은 지속력이 짧은 법. 이론쟁이들의 **환상적 고객 지상주의는 지속성이 매우 낮은 서비스 전략**이다. 우리에게 필요한 것은 환상이 아니라 고통과 불편, 슬픔과 지저분함이 넘실대는 현실을 인정하는 **현실적 고객 지상주의**다.

남의 고충을 폄하하는 분위기와 서비스

구성원끼리 서로의 괴로움을 감싸 안아주는 곳이 있는가하면, 서로 자신의 고충만 소리 높여 외치는 조직도 있다.

블랙 컨슈머가 등장하여 아수라장이 되어 있을 때를 보면 그 조직과 관리자의 특성을 쉽게 파악할 수 있다. 괜히 끼어들었다가 혹시 나에게 불똥이 튈까 싶어 숨죽이고 있는 사람이 있는가 하면, 한 술 더 떠 천신만고 끝에 문제를 해결하고 난 후에 등장하여, "고객 상대가 원래 어렵다는 거 몰랐어? 일이 란 게 다 그런 거야." 따위의 말을 늘어놓는 사람도 있을 수 있다. 이런 일이 비일비재한 조직이라면 화목한 분위기는 고사하고 늘 공격적인 분위기만 팽배할 것이다.

조직을 좀먹는 병폐에는 여러 가지가 있겠지만, 구성원 간에 서로 남의 고충을 폄하하는 것이야말로 가히 최고의 병폐라 하겠다. 그런 조직이 내뿜는 **음산한 에너지**는 고객에게도 그대로 전파될 것이니 서비스가 제대로 될 턱이 없다.

진정 직원들이 고객을 깊이 이해하길 바란다면, "고객을 이해하라."는 말을 내뱉기 전에 먼저 관리자 스스로 직원을 이해하는 솔선수범을 보여야 할 것이다. 타인에 대한 이해를 말로 강요하는 것보다 실제로 이해하는 모습을 보여주는 것이 중요하다. 인간은 자신이 사랑받는 것만큼 사랑을 주고, 이해받는 만큼 이해해주기 마련이다. (대부분의 경우는) 받는 사랑도 없이 그저 사랑을 베풀기만 하는 사람은 거의 성인(聖人). 그러나 성인들만 데리고 서비스를 할 수는 없는 노릇이다. 물론, 이론쟁이들의 환상적 고객 지상주의 속에서는 가능할지 모르지만 말이다.

쉬움에 대한 올바른 이해

직원들의 이해력을 강화시켜줄 또 다른 방법은 업무 환경을 전반적으로 쉽고 편안하게 만들어주어 심신 자원의 소모를 막아주는 것이다.

'쉽게, 편하게'라는 난어를 불성실로 왜곡하는 사람은 아직도 많다. 그러나 원래 서비스는 고객을 쉽게, 편하게 해주는 것이 핵심 가치다. 자기 직원들을 쉽고 편하게 해주지 못하는데, 고객에게 어떻게 그것을 제공해줄 수 있을까?

예전의 사례이긴 하지만 아주 놀랐던 것 중의 하나가 유수의 대형 마트 계산대 옆에 오랜 세월 동안 의자가 놓여 있지 않았다는 사실이다. 최근에는 많이들 놓아주었지만, 대체 예전엔 왜 의자를 주지 않았던 것일까? "다리가 아파요. 잠깐 의자에 앉아 쉬면서 일하고 싶어요."라는 말을 게으른 불평불만으로 치부하는 짓은 일제 강제징용시대에나 적합했을 마인드인데…….

어떻게 해서든지 땀을 뻘뻘 흘려가며 지극 정성을 다 해야 맞을 것 같고, 쉽고 편하게 하자고 하면 정성이 부족한 것 같아 보인다. 그러나 서비스에서 제일 중요한 건 **고객을 쉽고, 편안하게** 해주는 것이다. 그리고 사람의 감정이란 접촉하는 이들끼리 반드시 전염되는 법. 직원이 어려움과 불편한 감정에 휩싸여 있는데 고객이 어찌 그에 물들지 않을 수 있을까?

쉽게 만드는 경영이 가장 수준 높은 경영

축구선수들 사이에서 통하는 말이 하나 있다. "공을 쉽게 차는 게 잘 차는 것이다."

실제로 축구선수와 일반인이 뛰면 가장 큰 차이가 바로 볼을 다루는 편안함이다. 일반인은 뻘뻘 땀을 빼며 뛰어다니는 데 반해 선수 출신들은 쉽게 드리블하고, 톡톡 패스하면서 상대편을 농락한다. 힘이 빠지는 건 상대편이다.

경영 역시 마찬가지로, 관련된 사람들의 비명과 고통, 힘듦이 발생하지 않고 술술 흘러가도록 만드는 사람이 진짜 훌륭한 경영자

다. 축구 플레이의 편안함이 많은 훈련에서 나오는 것이라면, 경영
의 편안함은 끊임없는 비판적 고민과 창조적 상상력에서 나온다.
머리를 힘들게 해서 몸을 편하게 하는 것은 게으름이 아니라 칭찬
받아 마땅한 진정한 노력이다.

사람들을 쉽고 편안하게 만들어주는 것, 그것이야말로 가장 뛰어
난 경영이고 최고의 창조이다.

고객에게 절대로
하지 말아야 할 행위 1

고객이 화를 내는 경우를 분류해보자면 이렇다. 불편하고 복잡한 환경과 시스템이 중요한 한 가지가 될 것이고, 다른 하나는 역시 서비스 응대 상의 실수 때문일 것이다. 그리고 물론 가장 큰 것은 제품 자체에 대한 불만일 것이고.

이 중에서 역시 이 책의 주제에 맞게 서비스 응대 시에 발생하는 분노에 대한 이야기를 한번 해보겠다.

이 방법을 쓰면 최강으로 고객을 분노케 할 수 있다

최고로 고객을 만족시키는 방법을 얘기하라면 상당히 어렵지만, 최고로 고객을 분노케 만드는 법은 아주 쉽게 이야기할 수 있다. 이보다 더 확실한 비법은 없다고 장담한다. 그 방법은 바로 이것이다.

고객을 무시하면 된다

아마 지금 당신은 나에게 "야! 이 xx야!!"라고 욕설을 퍼부으며, 책을 집어던지려 들지 모르겠다. 제발 잠깐만!! 조금만 더 참고 읽어주기를 바란다. 너무나 당연해 보이는 위의 말을 잘 되새김질해보자. 이걸 뒤집어 생각해보면 사실 대(對) 고객 서비스의 가장 중요한 핵심이 담겨 있다.

'무시'라는 단어를 한번 180도 뒤집어보자. 고객을 무시하는 행위의 정반대는? 고객을 존중해주는 것이다. 고객을 존중해주자는 이야기는 3류 CS 강사는 물론이고 초딩들도 할 수 있는 얘기인데, 나는 한 발짝 더 들어가서 이렇게 말하고 싶다.

대체 고객의 **무엇을** 존중해주자는 것인가? 그것은 바로 고객의 **의도**와 **존재**를 존중해주는 것이다.

고객에 대한 무시의 유형

당신이 구름 위의 높은 자리에 앉아 있다면, "어떤 정신 나간 직원이 감히 고객을 무시할 수 있는가?" 하며 거드름을 피울 수도 있겠다. 그러나 미안한 이야기지만 그런 일은 수도 없이 발생한다. 당신이 관리자로 있는 지금 그 회사에서 끊임없이 발생하고 있다.

'무시'라고 하면 아주 막연한데, 구체적으로 고객에 대해 가해지는 무시의 유형은 대략 이 2가지다.

1. **고객의 '소유'를 무시하는 경우**
2. **고객의 '존재'를 무시하는 경우**

소유를 무시한다는 것은 예를 들면 이렇다. 고급 레스토랑에 가서 비교적 싼 음식을 시켰는데 비싼 음식을 주문한 옆 테이블에 비해 응대 태도가 나쁘다거나, 불러도 바로바로 안 온다거나 하는 것이다. 실제로는 전혀 그런 의도가 아니어도 고객은 충분히 오해할 수 있는데, 그에 대해서는 꼭 오해한 고객만 탓할 수 없는 것이다. 고객에게 실수하지 않는 것만이 서비스가 아니라 **고객이 오해할 여지를 사전에 예방하는 것 역시 서비스**이다. 그거야말로 고급 서비스일 것이다.

'소유'라는 것은 꼭 돈에만 국한되는 것은 아니다. 고객이 가지고 있는 권력, 지위, 지식 등도 '소유'의 영역에 들어간다고 볼 수 있다. 내가 직접 경험한 얘기를 좀 해보자면, 나는 주로 전자제품을 사러 갔을 때 그런 무시를 많이 당해봤다. 실제로 한 컴퓨터 기기를 구입하러 유명 전자 대리점에 갔을 때 이런 말을 들은 적이 있다. "이런 것 처음 사보시나 봐요?"

별 말 아니라고 생각할지도 모르겠지만 나는 당시에 기분이 꽤 나빴다. '이 정도 정보도 모르는 시대에 뒤떨어진 녀석……'이라는 이미지로 나를 보는 것 같아 꽤 기분이 상했다. 그때 이후로 그 회사는 거들떠보지도 않고 있다. 물론 이런 종류의 사례에 대해, "그건 니놈이 소심해서 그런 것 아니냐? 고작 그까짓 일로 기분 나빠하다니? 너 A형이지? 너 같은 좀생이 고객이 제일 짜증나."라는 반응을 보일 사람도 있을 것이다. 그러나 서비스는 원래 소심하게 해야 한다. 행여나 있을지 모를 고객의 불쾌감을 막아내는 것이 서비스니 말이다.

자신의 속내를 고객에게 들키지 않는 것이 서비스의 기본

너무나도 뻔한 질문을 하염없이 해댈 때, 클릭 몇 번만 해도 알아볼 수 있는 것을 꼬치꼬치 따지고 들어올 때 등등 직원 입장에서 짜증나는 고객 행동의 유형은 이루 말로 다 열거할 수조차 없다. 그러나 서비스의 핵심은 바로 그럴 때, 마음의 저 밑바닥에서 밀고 올라오는 부정적 감정을 표출시키지 않고 고객에게 편안함과 즐거움을 주는 것이다. **자신의 속내를 고객에게 들키지 않는 것이야말로 서비스의 가장 중요한 일환임을** 모든 서비스맨들은 잊지 말아야 할 것이다.

이에 대한 잘못된 사례를 들어보면, 핸드폰 매장이나 커피전문점 같은 데서 할머니, 할아버지 고객들을 대하는 종업원들의 그릇된 응대를 들 수 있다. 연세 드신 분들이 첨단 디지털 기기나 다양한 커피 종류를 잘 모르는 건 너무나 당연한 일이다. (나도 잘 모르는데) 기계적 훈련만 받고 감성이 부족한 저질 서비스맨들은 그 경우 영락없이 고객을 무시하는 반응을 보이곤 한다. 왜 서비스에 있어 기계적 트레이닝보다 감성에 대한 성찰이 더 중요한지를 잘 나타내주는 사례이다. **서비스는 트레이닝이 아니라 인간 감성에 대한 성찰에서부터 시작되어야** 하지만, 3류 CS 강사들은 이 기본을 과감히 뛰어넘은 채 오늘도 강단을 활보한다.

공격적인 표현에 익숙한 사람은 서비스 직원이 되어서는 안 된다

누구나 살면서 짜증을 느끼지만 그것을 습관적으로 억누르는 사람이 있는가 하면, 과감하게 남에게 그 짜증을 어필해버리는 사람이 있다. 서비스에 적합한 사람은 당연히 전자. 후자는 가급적 대고객 응대 업무의 전면에서 빠져야 한다. 많은 단세포 경영자들이 성격이 외향적이라고 보이는 직원들을 고객들 앞에 들이미는데, 그것이야말로 성찰 부족이라고밖에 할 말이 없다.

흔히 성격의 직무 적합성을 판단할 때 단세포적으로 성격의 내향성·외향성을 중시하는데, 그건 적절한 기준이 아니다. 인간의 성격 요소는 너무나 다채롭기 때문에 그런 단순한 분류로 인간의 직무 적합성을 판단하면 기업은 3류 수준을 벗어나지 못하게 된다.

실제로 아주 작은 비판적 뉘앙스나 표현조차 충분히 고객을 분노하게 만들 수 있기 때문에 속마음이야 어찌 됐건 그것을 표출하지 않는 성향의 사람이 서비스의 전면에 나서야 한다. 특히 위에서 언급한 고객 무시의 유형 중 '고객의 존재를 무시'하는 경우는 직원 본인도 감지하지 못하는 상태에서 빈번히 발생하게 되고 아주 작은 실수로도 지독하게 나쁜 결과를 불러올 수 있기 때문에 아주 조심해야 한다.

절대적으로 조심해야 할 '존재에 대한 무시'

이 '존재'를 무시한다는 것에 대해서는 약간 설명이 필요할 듯싶다. 예를 들면, 고객이 직원을 불렀는데 무시한다거나(실수로 못 들은 것이라도), 고객이 나에게 투여하는 시간과 노력이 차별적으로 적다고 느끼는 경우 같은 것들이 있다.

이 역시 상당히 많은 부분이 비고의적으로 이뤄지는데, 나 역시 유사한 일로 오해를 받은 적이 있다. 한번은 교육진행 업무를 맡아, 유인물 교재를 나누어주는데 자리에 없는 고객이 있어서 몇 분은 나누어 드리지 못했다. 그런데 나중에 나타난 고객이 나에게 찾아와, "왜 나만 빼고 교재를 나눠주느냐? 사람 차별하는 거냐?"라고 강하게 화를 내서 적잖이 당황했던 기억이 있다. "자리에 없어서 못 받았으니 나도 주시오." 하면 될 것을 '차별'이라는 단어를 언급하며 맹렬히 달려드는 그 모습이 당황스럽기는 하였지만, 사실 이런 문제는 서비스를 하는 내가 미연에 예방했어야 하는 부분이었다. 고객에게 제공되는 서비스란, 자신의 존재 가치와도 직결되는 것이기 때문에 그 존재를 무시한다는 느낌을 받게 되면 그 땐 서비스고 뭐고 다 도루묵이 되는 거다. 그런 의미에서 최악의 서비스라면 역시 그 고객이 존재하지 않는 것처럼 대하는 것이다.

고객의 존재를 무겁게 인정해주는 것. 기계적 미소보다 더 중요한 서비스의 핵심은 바로 이 것이다.

고객에게 절대로
하지 말아야 할 행위 2

고객을 '평가하는 눈'으로 바라보지 말 것

우리는 본능적으로 만나는 사람을 평가하고 그에 맞게 대응해 나간다. 꼭 맞선볼 때만 그런 행동을 하는 게 아니다.

인간관계뿐 아니라 기업 역시 늘 고객을 평가하고 있다. 전략이라는 미명하에 대부분의 고객을 등급으로 구분해 관리하는 것은 기업에서 즐겨 쓰고 있는 방법이다. 물론 통계로 관리하는 것이야 나쁠 게 없지만, 대면 응대할 때 고객을 평가하는 시선이 드러나는 서비스는 진정한 최악이다. 나중에 DB를 만들건 뭘 하건 서비스 현장에서는 절대, 무의식적으로라도 고객을 평가해서는 안 된다. 평가의 대상이 되는 것을 기분 좋아할 사람은 이 세상에 없다. 상대의 기분을 망친다면 그걸 어떻게 서비스라 할 수 있을까?

그러나 아쉽게도 인간의 본성이란 어떠한 만남이건 간에 타인을 끊임없이 평가하는 눈으로 바라볼 수밖에 없게 만든다. 서비스 직원들의 심보가 고약해서가 아니라 그건 원래 인간이 가지고 있는 습성이다. 한국인이건 미국인이건 전혀 다르지 않다.

일전에 한 칼럼에서 본 이야기인데, 어떤 호텔에서는 식당에 손님이 들어오면 직원이 1차적으로 그 손님의 복장과 외모를 체크한다고 한다. 복장과 외모가 A급이다 싶으면 식당 한가운데 자리를 배정하고 후질구레하다 싶으면 사람들 눈에 잘 안 보이는 구석에다 앉힌다는 것이다. 그런데 만약에 손님이 이러한 사실을 눈치 채면 기분이 어떠할까? 그러한 이유로 구석 자리에 배치되었다는 사실을 알게 된다면? 두말할 나위 없이 격렬하게 분노할 것이다. 나 같아도 그딴 곳은 두 번 다시 가지 않는다. 그리고 내가 할 수 있는 한 최선을 다해서 그 호텔에 대한 욕설을 퍼뜨릴 것이다. 그 호텔은 고객이 눈치 채지 못할 것이라고 예상해 그런 짓을 했는데 과연 모두를 언제까지고 속일 수 있을까?

① 사람을 본다.
② 사람을 평가한다.
③ 평가된 상대의 가치에 따라 무시하거나 존중한다.

이것이 인간이 인간을 대할 때 가지는 기본 패턴이다. 평상시 대인 관계야 이렇게 한다고 해도 고객에 대해서는 절대 이런 방식을 적용해서는 안 될 것이다.

우리는 고객에 대한 무시적 응대를 원천적으로 막기 위해 타인을 평가의 잣대로 바라보는 본능적 시선을 억지로라도 눌러야 마땅하다. 평가해서 인간의 가치를 재단하지 말고 모두를 공평하게 존중해주는 태도. 그것이야말로 모든 서비스의 기본이 되어야 한다. 그런 의미에서 뻔히 다 보이는데다가 VIP 고객을 위한 장소를 따로 마련해놓는 등의 정책은 찬성하기 어려운 서비스이다. **어떠한 경우든 사람의 마음에 생채기를 낼만한 여지가 있는 일은 하지 말아야** 한다. 서비스는 무슨 일을 하는가도 중요하지만, 무슨 일을 하지 않느냐가 더 중요하다.

물론 일부 이론쟁이들은 차별적 태도가 큰 이윤을 부른다고 생각하는 듯하다. 그러나 기업은 고객의 마음을 사로잡아야 성공하는 법인데, 인간의 마음은 명백히 이익보다 강력하다. 나는 그렇게 믿고 있다.

내게는 별 것 아니지만 고객에게는 민감하다

고객을 섣불리 평가하여 그릇된 서비스 태도를 보이는 것이 고의 혹은 미필적 고의라면 순수한 실수로 큰 손해를 보게 되는 경우도 많다. 나 역시 조심한다고 했지만, 당연히 고객을 화나게 한 적이 있었다. 그 경우들은 대개 별로 중요하지 않다고 표현했던 부분에 대해 예상외로 고객이 민감한 반응을 보였던 경우가 대부분이다.

한번은 전화 응대를 할 때 이런 일이 있었다. 7,000원짜리 물건을 구입한 고객이 환불을 요구했는데, 그때 아무 생각 없이 "아, 7,000원이군요?"라고 말했는데, 전화 저편에서 엄청난 원망의 욕설이 쏟아지기 시작했다. 그 엄청난 고성과 욕설을 진정시키느라 몇십 분간 혼쭐이 났다. 나는 그런 의도가 전혀 없었지만 고객은 나의 간결한 대답에, '고작 7,000원짜리 물건 가지고 웬 호들갑을 그리 떨어?'라는 느낌을 받은 것이다. 정신이 번쩍 들었던 사례였고, 그때 이후에는 가급적 상품 금액에 대한 언급은 하지 않았다.

이처럼 전혀 생각지도 못했던 부분에서 고객의 심리를 자극하는 언사가 터져버릴 수 있는데, 놓치기 쉬운 유의사항들을 한번 정리해보았다.

1. 고객이 고른 물건이 '저가低價'임을 의미하는 언어, 표정, 표현이 나타나지 않도록 조심할 것
2. 고객의 부족한 경험이나 보유 지식을 비하하는 언어, 표정 표현을 조심할 것
3. 고객의 형편에 대한 언급은 최대한 조심할 것(예를 들면, 섣불리 먼저 중저가 제품을 권유하는 행위 등)

물건을 산다는 것은 곧 돈을 잃는 행위이기 때문에 **모든 구매자는 어느 정도 예민**해져 있는 상태이고, **예민한 사람들은 아주 작은 신호도 크게 포착**하곤 한다. 우리의 잠재의식에 나타나는 아주 작은 비하, 무시의 신호도 고객은 절대 놓치지 않는다. 나중에 뻔한 둘러대기를 해도 이미 때는 늦는다.

마음속으로는 '어휴~ 찌질하긴. 고작 그 싼 물건 고르면서 육갑 떨고 있네.'라고 생각하면서도 겉으로만 가식적인 미소를 보이는 직원도 간혹 보인다. 이런 직원이라면 제 아무리 초특급 호텔, 항공사 CS 교육을 받아도 형편없는 서비스가 나올 수밖에 없다. 결국 중요한 것은 겉치레 예절이 아니라 인간에 대한 공정하고 올바른 시선이다.

단순 명령문으로는 마인드를 바꿀 수 없다

대부분의 3류 CS 강사, 3류 경영자들은 사람의 마인드를 단순한 명령문으로 바꾸려고 한다. "여러분! 고객을 사랑하세요, 고객을 존중하세요." 딱 그러고 땡이다.

직원들이 진짜로 고객을 존중하도록 마인드의 변화를 **유도**해주는 사람이 1류 경영자, 그냥 단순 명령문밖에 던질 줄 모르는 사람이 3류 경영자. 3류 경영자나 3류 CS 강사에게만 교육을 받은 직원들이 펼칠 건 가식적 친절이 한계이다.

그러나 지금은 20세기가 아니다. 항공사나 호텔의 웬만한 서비스 매너는 이제 어린아이들도 다 안다. 그런 것들로 만드는 것은 이미지인데, 이미지라는 건 한 방에 날아가기 쉬운 법. 멋지고 깔끔했던 이미지의 정치인이 뇌물 수수 한 방에 날아가는 광경은 우리가 지겹도록 목격했던 사례다. 이미 결단난 정치인이라면 아무리 예전과 똑같은 말투, 헤어스타일, 패션을 들고 나와도 더 이상 좋은 이미지는 통하지 않는다. 이미지란 게 원래 그런 것이다.

반면 빼어난 지도력을 발휘한 정치인은 누더기 복장을 하고 다녀도 온 국민의 존경을 충분히 이끌어 낸다. 학교 때 배운 세계사 시간의 위인들이 그것을 증명해준다. 그것은 3류 이미지 강사들의 잘난 척보다 훨씬 고고하고 신빙성 높은 증거들이다. 이미지가 알맹이를 해칠 수도 있고 알맹이가 이미지를 잡아먹을 수도 있지만, 더 중요한 쪽은 역시 알맹이다.

물론 그렇다고 이미지가 중요하지 않다는 말은 아니다.

유의사항에 기반을 둔 몇 가지 응대법

무의식적 행동, 반사적 반응 억제

대부분의 실수는 저지르고 나서야 "아차!" 하는 것들이다. 즉, 실수는 무의식적으로 생산된다. 서비스에서도 마찬가지일 텐데, 고객을 응대할 때 무의식적으로 쉽게 터져 나오는 실수라면 대략 고객의 말 끊기, 피식거리며 웃기(썩소, 조소) 짜증내는 말투 같은 것들이 있다.

대부분의 경우 고객의 분노를 부르는 이런 행동들은 고의적이라기보다는 무의식적으로 표출되는 실수들이다. 무의식적 실수를 막기 위해서는 응대 서비스를 할 때는 가급적 반사적인 대답이나 반응을 지양하고 말 한마디, 몸짓 하나라도 완전히 가다듬어서 표출한다는 마음으로 서비스를 해야 한다.

기다림의 각오

그러나 빠르게 해치우고 싶은 본능은 응대 직원들에게 늘 생기기 마련이다. 고객 응대 업무와 다른 일을 병행하는 사람에게서 그런 경우를 많이 볼 수 있는데, 고객의 문의가 길어지면 그대로 야근으로 이어지기 때문에 꽤 만만치 않은 고충이다.

말하자면 이런 것도 환경, 서비스 관리자라면 응당 직원들이 여러 요건에 얽매임 없이 느긋하게 고객을 맞이할 수 있는 상황을 구축해주어야 한다. 적어도 고객을 응대하는 사람은 최소한 그 순간만큼은 고객에게 **느긋이 집중할 수 있도록 환경을 정비**해주어야 하는 것이다.

그러나 일선 종사자는 관리자가 성심껏 그런 환경 정비를 해주리라 기대하기보다는 (기대는 실망을 부르기에) 고객의 분노를 사지 않기 위해 스스로 조심하는 컨트롤 능력이 필요하다. 더군다나 고객은 언제나 표현하고픈 행위와 언어를 잔뜩 가져오기 마련이므로 그를 맞이하는 종업원은 애초에 **기다림의 각오**를 단단히 다질 필요가 있다.

〈가장 중요한 서비스 마인드〉

① 조심성 　② 진지함 　③ 다양한 심리 인지
④ 반사적 반응 억제 　⑤ 기다림의 각오

다들 말은 쉬워 보이지만 실천하기는 어려운 요소들이다. 어려운 일을 쉽게 만들기 위한 방법은 동기부여 한 가지뿐이다. 그래서 내가 이 내용을 제일 마지막인 3장에 쓰는 것이다.

말투, 언어 사용 관련된 유의사항 몇 가지

말투와 관련한 유의사항에 대해서는 보이스 트레이닝이 뭐니 해서 워낙 교육 프로그램이 많기 때문에 아예 쓰지 않으려 했다. 솔직히 이 부분의 차별성은 나도 별로 자신이 없지만 그래도 한번 써볼까 한다.

① 말끝의 억양을 올리거나 강하게 하는 건 좋지 않다

대화를 할 때 말 끝부분을 올리거나 강하게 하는 경우는 질문할 때, 화낼 때, 나의 발언을 강하게 어필할 때이다. 기본적으로 서비스는 고객을 '수용'하는 것이기 때문에 위의 세 가지 중 어느 것도 필요 없다. (특수 상황은 물론 있겠지만) 따라서 고객 응대 멘트의 억양은 계속 똑같은 톤을 유지하거나 차라리 끝부분을 부드럽게 처리해주는 편이 좋은 인상을 남기게 된다.

원래 말투 자체가 끝이 올라가는 투라면 약간의 교정이 필요하다. 특히 전화 상담 시에는 더더욱 필요하다.

② 대화 속도는 고객과 최대한 비슷하게 맞춘다

대화 속도 역시 고객의 그것과 비슷하게 해주면 좋다. 너무 급해서 번개처럼 말을 토해내는 고객에게 천천히 이야기하면 당연히 울화통이 터질 것이다. 반면에 꼼꼼히 신중하게 따져보고자 하는 고객에게 속사포 같은 말로 응대하면 고객은 심한 불쾌감을 느낀다.

물론 무턱대고 고객의 대화 속도에 맞추면 안 될 때도 있다. 예외 상황은 바로 고객이 화를 폭발시키고 있을 때이다. 화낸 사람에게는 만사 제쳐두고 일단 '진정'시키는 것이 급선무이므로 그런 때에는 차분한 어투를 유지하며 고객의 화난 감정에 소화기를 뿌려주어야 한다.

③ 가장 효과적인 문장 구성: 백트래킹

"상담을 할 때는 내담자의 이야기를 잘 들어야 한다."

누구나 아는 이야기인데, 문제는 잘 듣는다는 것이 구체적으로 어떻게 하라는 건지 명확히 설명해주는 사람이 많지 않다. "마음을 열고, 상대방의 입장에서, 집중해서 들어라." 등등의 이야기는 초딩도 할 수 있는 말인데, 그런 뻔한 이야기를 비싼 강사료 받으면서 거창하게 해대는 사람들이 간혹 있다. 과연 이 지구상의 돈은 정말 그럴만한 가치가 있는 사람에게로 흘러가고 있는 것일까?

고객 불만 상담을 하면서 가장 유용하다고 느꼈던 방법은 백트래킹(Backtracking)이다. NLP를 아는 사람이라면 누구다 들어본 단어일 텐데, 쉽게 말해 상대방의 말 중 핵심이 되는 단어를 내가 강조하듯 되짚어주며 이야기를 따라가는 것이다. 고객 응대 시, 특히 불만 처리 시 이 방법을 적용하면 고객은 직원이 진지한 자세로 자신의 의견을 **수용하고 있다는 느낌**을 받게 된다. 예시는 이렇다.

고객: 아니, **배송**이 이렇게 **늦으면** 어떡해요? **화요일**에 주문한 물건이 어떻게 아직도 안 와요? **당장** 처리하지 못해요?

직원: 아, **화요일이요……? 배송**이 그렇게나 **늦었다니……당장** 받아보실 수 있도록 해드리겠습니다.

이 사례에서 고객이 한 말 중 의미 있는 단어는 총 4개인데(배송, 늦다, 화요일, 당장), 중추적 의미를 담고 있는 단어를 반복하며 응답 멘트를 구성하는 것이다.

보이스나 표정 같은 껍데기에만 집착하는 것이 3류 CS 교육이라면, 진짜 좋은 교육은 응대 멘트 구성의 언어적 원리까지도 가르칠 것이다. 내가 이야기하고픈 응대 언어 구성의 제1 원칙은, "고객이 발언한 주요한 단어를 사용해 문장을 구성하라"는 것이다.

고객에게 중요한 의미를 되짚어 응대해주는 방식은 경우에 따라서는 "죄송합니다"라는 말을 백 마디 하는 것보다 더 큰 효과를 얻을 수 있다. 당연하지만 **고객이 화를 내는 이유는 오직 하나, 자신의 의견이 받아들여지지 않기** 때문이다. 백트래킹 기법은 나의 언어가 상대에게 받아들여지고 있다는 느낌을 주므로, 특히 고객 불만 응대 시 아주 유용한 방법이다.

④ 감정적 호응 신호를 발산한다

감정적 호응을 나타내는 의성어, 추임새, 동작 등을 활용하면 묵묵히 듣고만 있는 것에 비해 월등한 효과를 거둘 있나. 때때로 연기를 한다는 느낌으로 언어적·신체적 공감의 신호를 무차별적으로 고객에게 발사해주면 괜찮은 효과를 볼 수가 있다. 예를 들면, 고개를 크게 끄덕여 호응을 표현한다든지, 고객의 강력 항의가 발생할 때

심각히 고뇌하는 몸짓을 취한다든지 하는 것이다.

특히, 미소 응대의 반대 개념으로 내가 멋대로 이름 붙인 '고뇌의 응대'라고 불렀던 방법이 있었다. 특히 강렬한 클레임을 상대할 때 괴로운 신음 소리나 고뇌에 빠진 표정을 지어(화를 내라는 게 아니다) 고객과 나 사이에 또 다른 감정의 흐름을 만들어 내자는 방법이었다.

극도로 화난 고객에게는 상냥한 미소나 친절 멘트 같은 판에 박힌 응대는 잘 먹히지 않는다. 심지어는, "나는 이렇게 화가 터지는데 너는 쳐웃고 있냐?"라는 극도의 공격적 반응도 여러 차례 보았다.

모든 상황에 다 통하는 전략이란 없다. 극도로 분노한 고객에게라면 차라리 고뇌하고 괴로워하는 인간적인 모습을 보여주면 새로운 관점을 제시할 수 있게 된다. 그러면 '아, 저 녀석도 나처럼 고통을 느낄 줄 아는 사람이구나.' 또는 '나의 강한 항의가 저 사람에게도 만만치 않은 고통을 주는구나.' 하고 느낄 것이다.

이건 사기도 뭐도 아니다. 단지 고객에게 나도 인간이라는 당연한 사실을 느끼게 해주는 것이다. 그것은 서로에게 절대 나쁘지 않다. 오히려 가장 합리적인 대안을 찾는 데 큰 도움을 주게 된다. 고객과 직원의 관계를 이야기하기 전에 가장 본연적 관계의 모습, 즉 인간 대 인간의 관계를 빼먹어서는 절대 안 된다. 그것을 도외시하는 것은 그 누구에게도, 고객에게조차 전혀 도움이 되지 않는 일이다.

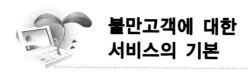

불만고객에 대한
서비스의 기본

"고객을 왕으로 모시자. 신으로 떠받들어주자"는 이야기는 요즘엔 3류 CS 강사도 하지 않는다. 고객을 떠받들자는 게 틀린 얘기는 아니지만, 그런 단순한 마인드가 통할 시대는 이미 지났기 때문이다. 특히 불만고객을 상대할 때는 그런 단순한 마인드로는 답이 쉽게 나오지 않는다. 온당한 불만고객이든, 블랙 컨슈머든 날로 심리가 복잡해져가는 고객들을 상대할라치면 우리 역시 마음을 복잡하게 먹을 필요가 있다.

진정한 기업의 서비스 역량은 고객 불만 처리 능력

어떠한 일이든 쉬운 상황과 어려운 상황이 번갈아 교차하기 마련이다. 스포츠에서도 어려운 상황에서 역전승을 거두는 팀이 강팀이듯이, 서비스 역시 난감한 상황을 잘 풀어내는 곳이 우수한 기업이라 할 수 있을 것이다

'대충 해도 되는 서비스 상황'이라는 건 있을 수 없지만 상대적으로 쉬운 서비스 상황은 분명히 있다. 큰 실수나 무리만 하지 않는다면 잘 넘어갈 수 있는 상황. 반면에 많은 고민과 조심스런 반응이 필요한 '어려운 서비스 상황'도 분명히 있게 마련이다.

당연한 얘기지만 기분 좋은 사람을 상대하는 것만큼 쉬운 일이

어디 있으랴? 예를 들어 상사의 딸이 명문대에 합격하면 웬만한 결재는 무사통과되기 마련. 서비스도 마찬가지여서 기분 좋은 고객에게 하는 서비스는 난이도가 낮다. 진짜 어려운 것은 짜증이 극도로 치미는 고객을 상대하는 일로, 모든 분야가 다 그렇듯 어려운 상황을 잘 타개하는 것이 진짜 능력이다.

고객이라는 사람들은 모두 예민해져 있는 상태다

나는 이 책 전반에 걸쳐 고객을 대하는 '조심성'을 강조하고 있다. 남들이 '진정성'이니 '애정'이니 하는 단어를 이야기할 때 나는 조심성의 중요성을 몇 배 더 강조한다.

고객이라는 사람들은 우리가 만나는 **일반적인 인간들보다 훨씬 더 예민**하다. 왜 다른 상황의 인간들보다 고객들이 더 예민할까? 그건 당연한 일이다. 그들은 돈을 잃기 때문이다. 비유하자면 사냥감을 잡기 위해 몇 시간을 투자해 추격 작업을 벌이고 있는 치타의 심리 상태와 비슷하다고나 할까…… 당신이 성난 치타를 다룬다면 가장 필요한 태도가 무엇이겠는가? 두말할 나위 없이 조심성이다.

물론 고객이 맹수라는 얘기가 아니다. 다만, 고객을 상대할 때 그 정도로 조심하는 마인드가 필요하다는 것뿐이다. 성난 치타를 상대하는 것 같은 마음가짐으로 고객을 대한다면 고객을 격분케 하는 서비스 실수는 크게 줄어들 것이다.

Yes를 말할 수 없는 고뇌를 이해하는가?

그럼 지금부터 조심성을 바탕으로 어려운 서비스 상황에 대한 해법을 찾아보자. 어려운 서비스 상황의 대부분은 이런 형태다.

고객은 요구하는데 ⇨ 그 요구를 들어주기 힘들다.

물론 우리 주위에는 "고객의 요구에 잘못된 건 없다. 고객의 사소한 요구 하나하나를 섬기는 마음으로 처리하도록 하라."고 말하는 사람이 많다. 물론 맞는 얘기긴 한데, 이런 말은 대개 서비스 현장에서 멀리 떨어져 있는 사람들일수록 더 쉽게 내뱉곤 하는 것이다. 해당 업무에서 거리가 있을수록 더 쉽게 말할 수 있게 된다는 법칙은, 비단 이쪽에만 국한되는 얘기는 아닐 것이다. 지금 자신이 처한 사정이 아니면 쉽게 입을 떼어서는 안 될 터이지만 인간은 남의 일에는 원래 큰 신경을 안 쓰는 존재이니…….

고객에게 Yes를 해주고 싶지 않은 서비스 직원이 과연 얼마나 될까? "고객에게는 언제나 Yes!!" 라는 하나마나한 이야기를 설파하고 다니는 강사도 있는 모양이다만, 고객에게 Yes라는 말을 가장 해주고픈 사람은 그 누구도 아닌 바로 직원이다. 진짜 어려운 서비스란, 도저히 Yes를 말해줄 수 없는 상황을 타개하는 기술이라는 것. 그런 고뇌를 이해하지 않고 제 잘난 맛에 떠들어대는 3류 CS 강사나 저질 이론쟁이들은 마음으로 상대해줄 필요가 없다.

고객과 멀찍이 떨어져 있거나 아니면 편안한 상황에서만 고객을 응대하는 이늘과는 별개로, 밑바닥 서비스 현장을 누비다보면 놀랄 때가 한두 번이 아니다. "세상에! 이런 것까지도 요구사항이 될 수 있단 말인가?" 하는 요구들이 쉴 새 없이 터져 나온다. 기업도 완벽하진 못하고, 고객도 성인은 아니다. 아무리 고객이라도 도저히 납득하기 힘든 해괴한 요구를 하며 직원들을 괴롭게 만드는 경우가 있다.

따라서 불만고객이라고 다 똑같이 생각하지 말고 그들의 다양한 특성을 적절히 분류하여 최적의 대응책을 생각해 내야 한다.

불만고객의 종류

일단, 불만고객의 종류를 나눠보면 대략 이럴 것이다.

1. 기업의 정책, 제품, 시스템이 만들어 낸 불만고객
2. 서비스 직원의 응대 실수가 만들어 낸 불만고객
3. 기업과 직원, 누구의 잘못도 없이 탄생한 불만고객(속칭 블랙컨슈머Black Consumer)

각각의 불만고객의 심리 상태를 명확히 알아야 효율적인 대처를 할 수 있다. 많은 CS 강사들이 "불만고객의 입장에 서서, 그들의 마음을 이해하고, 먼저 다가가세요."라는 중학생도 할 수 있는 얘기나 떠벌이고 있지만, 그렇게 단순하게 재단해버릴 일이 아니다. 적어도 실제로 불만고객과 얼굴을 맞대고 살고 있는 사람들에게는 말이다.

사과만큼이나 중요한 것

불만고객의 유형을 파악했다면, 이젠 고객의 분노에 대한 우리의 반응을 보일 차례다. 화난 고객에게 보여야 할 가장 우선적인 반응은 무엇일까? 일감으로 떠오르는 것은 고개를 깊이 숙이며 "죄송합니다"라고 말하는 것이다. 물론 그것도 필요하지만 거기까지밖에 생각하지 못한다면 너무나 유치한 서비스 마인드다. 마치 영화 「죽은 시인의 사회」에서 키티 선생이 교과서의 셰익스피어 비평 부분을 찢어버리라고 한 것처럼, 나 역시 그러한 내용의 CS 강의는 찢어버리고 싶어진다. 불만고객에게 사과를 하지 말라는 뜻이 아니라, '사과' 이상으로 사고를 발전시켜야 한다는 얘기다.

무턱대고 사과부터 논하기 이전에 생각해야 할 불만고객 대처의 기본이라면 이럴 것이다.

1. **기업의 정책, 제품, 시스템이 만들어 낸 불만고객**
   ⇨ 최대한 빠르게 대체재를 제공해준다. 여기선 속도가 중요하다.
2. **직원의 응대실수가 만들어 낸 불만고객**
   ⇨ 여기선 사과와 함께 재발방지 약속이 빠르게 필요하다.
3. **기업과 직원, 누구의 잘못도 없이 탄생한 블랙 컨슈머**
   ⇨ 사과하기 이전에 합리적이고 정당한 합의 자세가 필요하다.

불만고객에게 가장 먼저 보여주어야 할 모습

온당한 불만고객의 건으로 놓고 보면, 고객이 불만을 가지는 이유는 손해를 보았다고 생각하거나, 부당한 처사를 당했다고 느꼈기 때문이다. 하나는 물질적, 하나는 인격적 부분에 대한 이야기다. 대부분의 고객 클레임에 있어서는 이 두 가지가 한 덩어리로 응어리져 있게 마련이다.

우리가 흔히 저지르는 실수는 섣불리 물질적 손실 부분에 초점을 맞춰버리는 것이다. 그러나 생각해보면 일반적으로 길 가다가 돈 3천 원을 흘려도 사람들은 그다지 크게 화내지 않는다. 그러나 물건을 사는 와중에 기업에게 3천 원을 뜯어 먹혔다면 불같이 화가 나기 마련이다. 이처럼 **당했다는 사실 자체에 대한 분노**, **인격이나 존재감에 대한 상처**도 물질적 손실감 못지않게 강하다.

따라서 불만고객을 상대하는 직원들이 고객의 '당했다는 상처'를 제쳐둔 채, 바로 물질적인 문제로 얘기를 들어가 버리면 고객의 더 큰 분노를 살 수도 있다. 직원이 '얼마 되지도 않는 돈 가지고 되게 떽떽거리네. 물어주면 될 것 아냐?'라는 의도를 가지지 않았다 하더라도 고객은 충분히 그렇게 오해할 수 있다. 따라서 3만 원이건, 3백 원이건 일단 당했다는 그 사실 자체에 충격을 받고 화가 난 고객의 마음을 먼저 보살피는 게 급선무다. 따라서 환불 등 물질적 문제를 섣불리 끄집어냈다가는 큰 코 다칠 수 있다.

합리적이고 정의로운 태도를 가지고 표현해준다

"고객에게 진정성을 가져라"는 뻔한 이야기보다 내가 내세우고 싶은 마인드는 따로 있다.

그것은 바로 합리적 정의감, 그리고 그것을 고객에게 전달하는 의사표현이다. 부당한 처사를 당했다고 느껴 마음이 요동치는 고객에게 부정함 없이 공정하게 사안을 정리해주겠다는 정의로운 자세를 보여주면 가장 빠르게 고객의 심리를 안정시킬 수 있다.

이에 대해서는 기억에 남는 사례가 하나 있다. 예전에 우연히 NCAA(미국 대학농구)에 대한 다큐멘터리를 본 적이 있다. 미국 대학 스포츠의 경쟁은 프로 못지않게 격렬하다는 것을 다들 잘 알 것이다. 특히 농구와 미식축구는 열기가 엄청나기 때문에 참가하는 선수들의 경쟁심이 대단하다. 준결승 시합의 시작을 알리는 점프볼 순간, 심판의 손을 잡아먹을 듯이 노려보는 선수들에게 심판이 이런 말을 했다. "마음 놓아라. 나는 결코 너희들을 속이지 않는다. 누구도 너희들을 기만하지 않아. 초조해하지 않아도 괜찮다."

이는 다년간의 경험이 있지 않고서는 절대 나올 수 없는 멘트라고 생각했다. 심판의 실수 하나로 수년간의 노력을 그르칠 수 있는 처지에 놓인 선수들이기에 심판에 대한 그들의 예민함은 극으로 치닫기 마련이다. 애매한 판정에 미친 듯이 항의하는 선수들의 모습은 종목을 불문하고 자주 볼 수 있는 광경이다.

고객들의 심리 상태 역시 강도의 차이는 있을지언정 세미파이널에 진출한 미 대학농구 선수들과 비슷한 면이 많을 것이다. 예민해져 있고, 조금이라도 잘못된 것이 눈에 띄면 강렬하게 항의한다. 예민해진 상태로 심하게 분노하는 사람에게 보여주어야 할 가장 먼저 전달해야 할 메시지가 무엇인지 NCAA 심판은 잘 보여주었다. '절대로 부당한 불이익이 당신에게 돌아가도록 내버려두지 않겠습니다. 최대한 공정하고 합리적으로 처리해드리겠습니다!'라는 의사의 표현. 그리고 그 표현에 걸맞은 정의로운 사안 처리. 합리적이고 정의로운 일처리야말로 최고로 좋은 서비스 자세일 것이다.

> ### 〈가장 중요한 서비스 마인드〉
>
> ① 조심성　② 진지함　③ 다양한 심리 인지
> ④ 반사적 반응 억제　⑤ 기다림의 각오
> ⑥ 합리적 정의감

합리적이고 정의로우면 충분하다

'무조건 고객이 옳다. 고객은 신이다'라는 생각에 나는 100% 동의할 수 없다. 동의하려야 할 수 없는 경험을 겪어왔다. 고객이냐 직원이냐의 기준보다, 누가 더 합리적인 정의에 가까운가가 판단의 기준이 되어야 하는 것 아닐까? 아무리 고객이라고 해도 비합리적이고 정의롭지 못한 요구를 한다면 들어주는 게 불가능할 터이다.

양식 있는 대부분의 고객 역시 왕이니, 신이니 하는 가당찮은 오버액션 따윈 원하진 않는다. 그보다 합리적이고 정의롭게 일을 풀어가는 태도를 견지해 나간다면, 대부분 고객들을 만족시킬 수 있을 것이라고 생각한다.

블랙 컨슈머 대처법

고객의 요구는 박테리아다

고객의 요구는 번식력과 변화력이 강한 생물이다. 비유하자면 끝없이 형태를 바꾸고 확장 증식 박테리아 같은 존재다. 박테리아라고 하니까 상당히 부정적인 인상이지만 사실 박테리아가 없으면 인간은 살 수 없다. 물론 그 때문에 병에 걸리기도 하지만 말이다. 기업은 고객의 요구를 먹고사는 존재기 때문에 이 비유는 매우 정확한 것이라 자평한다.

고객은 요구사항을 들고 우리 앞에 나타난다

고객은 언제나 요구사항을 들고 우리 앞에 나타난다. 요구사항 중에 까다로운 것은 이런 것일 것이다.

① 예상치 못한 종류의 요구
② 예상 범위 이상을 원하는 요구

고객 응대를 하다보면 '어떻게 이런 일에 거기까지 요구할 수 있을까?' 하고 놀랐던 적이 무수히 많았다. 고객 응대를 하던 하루하루는 '인간의 요망이란 정말 끝이 없구나. 우주보다 더 무한히 확장되는구나.'라는 철학적 깨달음을 느끼는 나날이었다.

물론 이에 대해 "고객이 하는 요구를 과도하다고 생각해서는 안 된다. 겸허히 받아들이고 잘 참고해야만 한다."라는 지극히 교과서적 답변을 하는 이들이 많지만, 주로 고객과 뒤섞이는 곳에서 멀찍이 떨어진 사람들일수록 쉽게 이린 멘트를 던지곤 한다.

이야기가 잠시 다른 곳으로 흘렀는데, 많은 기업들이 고객의 요구에 대한 대처 방법을 표준화 응대 매뉴얼을 만들어서 처리하려 하고 있다. 그러나 고객의 요구는 박테리아처럼 무한히 변하며 증식되는 것이기 때문에, 기업과 직원은 언제나 카멜레온 같은 변화무쌍한 각오를 다져야 한다. 서비스는 카멜레온이다. 웃음도, 울음도 모두 필요하다.

훈장선생식 경영

세상에는 소화효소처럼 인간을 살게 해주는 박테리아도 있지만 잘들 아시다시피 무서운 질병을 불러오는 병원균도 있다. 일반적인 대부분 고객의 기업에게 소화효소 같은 존재라면, 엄청난 고통을 불러오는 고객도 없지 않다. 블랙 컨슈머, 흔히 '진상'이라 불리는 고객들이다.

일부 블랙 컨슈머들이 응대 직원들에게 주는 고통이란 정말 상상 이상이다. 수많은 서비스 직원들이 정신과 치료를 요하는 상황에 처해 있고, 때로는 스트레스가 내과적 질환으로 번지기도 한다.

기업의 발전을 위해 블랙 컨슈머가 직원들에게 주는 과중한 정신적 부담을 절대 우습게 보면 안 된다. 응대 직원들의 심리적 괴로움은 물론이고, 블랙 컨슈머가 주는 추가적 업무 부담은 그 자체로 조직에 커다란 비효율을 만들어 내며, 심한 경우 기업의 대외 이미지까지 왜곡시킬 수 있다. "세상 어디에나 그런 사람은 있게 마련이지. 돈 버는 게 다 어려운 일 아니겠어?"라는 공자님 대사나 읊다가는 조직과 관리자 모두 커다란 손실을 입을 수 있다. 그런 동네 훈장선생 같은 CS 강사나 관리자가 많으니 이 나라 서비스 환경의 발전이 더딜 수밖에 없는 것이다.

창조 경영, FUN 경영, 등등 무슨무슨 경영 하는 식의 조어가 많지만 그런 '훈장선생 경영'은 당장에 박멸되어야 마땅하다. (그런데 말해놓고 보니 조선시대 훈장선생들을 너무 비하한 것 같다. 현대의 3류 강사들은 사실 조선시대 훈장선생들보다 훨씬 못한 존재들인데…….)

블랙 컨슈머에 대한 정의

물론 블랙 컨슈머가 있으면 블랙 컴퍼니도 있게 마련. 세상에는 어쩌면 괴롭힘 받는 직원보다 괴롭힘 받는 소비자가 훨씬 더 많을지도 모른다. 일방적으로 기업과 직원들만 옹호하고 싶은 마음은 추호도 없다. 나 역시 소비자로서 필요할 경우 기업에게 항의하기도 하면서 산다.

따지고 보면 오늘날 블랙 컨슈머가 이렇게 늘어난 것도, 다 이 나라 기업들의 지난날의 업보일 수 있다. 옛날 우리네 기업들은 고객을 물로 보고, 뻔뻔히 뜯어먹었던 수많은 과거를 가지고 있다. 어쩌면 오늘날의 블랙 컨슈머들은 과거 기업들은 잘못된 행태가 만들어 낸 반발작용일지도 모를 일이다. 마치 너무 육식을 즐기면 효소가 오작동하여 악성 궤양이 생기는 것 같은 상태라고나 할까……

이렇든 저렇든 비즈니스를 하는 입장에서 블랙 컨슈머는 피할 수 없는, 그리고 해결해야 할 중요한 과제이다. 기업에게 있어서뿐만 아니라 고객과 함께 살아가야 하는 우리 종사자들에게도 중대 과업이다.

일단 블랙 컨슈머에 대한 이야기를 하려면 먼저 정의부터 필요할 것으로 생각된다. 대체 누구를 블랙 컨슈머라고 불러야 하는가? 화이트 컨슈머와 블랙 컨슈머의 차이가 뭔가? 나의 경험을 토대로 정의를 내려 보면 이렇다.

1. **직원에게 비인간적 태도를 보이는 고객**
2. **기업과 직원에게도 나름의 합리적 사정이 있을 수 있다는 사실을 원천적으로 인정치 않는 고객**

이 두 가지 요소를 가지고 있다면 그 사람은 '블랙 컨슈머'라고 정의 내려도 좋다고 본다.

이 정의에 부합하는 블랙 컨슈머들을 응대하기 위한 나름의 방법을 이제부터 소개할 것이다. 지금부터 말하는 대처법이 좀 속임수 같다는 생각이 들 수도 있겠지만, 사실 그건 오해다. 오히려 기계화된 기존의 CS 교육이 포괄하지 못하는 감성 커뮤니케이션라고 생각한다. 단, 아래의 방법은 진정한 블랙 컨슈머에게만 선별적으로 사용되어야 할 수단이라는 점을 분명히 주지 드리는 바이다.

블랙 컨슈머 대처법 ①
짜증보다는 슬픔을 표현해주자

고객에게 짜증을 보여주는 것이 가장 나쁜 태도라는 것은 두말할 나위가 없다. 그러나 아쉽게도 인간은 직업 생활을 하면서 짜증이 날 수밖에 없는 존재이다. 과연 이 지구상에 일하면서 짜증을 내보지 않은 사람이 있을 것인가.

그러나 서비스 종업원인 우리에게 있어 짜증은 결코 우리 스스로에게 좋은 반응이 아니다. 짜증스럽고 불편한 상황을 고객에 대한 이해심으로 극복하라는 3류 CS 강사들의 권고를 반복하려는 건 아니다. 마음을 마냥 억누르기만 하는 것은 대단히 비인간적인 방법이다. 내가 이야기하고픈 것은 효과적인 '발산법'에 대한 것이다.

고객에게 얼마든지 자신의 감정을 발산해도 괜찮다. 이 세상에 무조건 안 되는 것이란 없다. 단, 지혜로운 방법만 구사한다면 말이다.

고객에게 짜증을 보이면 안 되는 것은 당연하다. 설사 고객이 지독한 블랙 컨슈머라 할지라도 짜증을 보이게 되면 강한 반발에 부딪힘은 물론 상사나 주변으로부터도 비판을 받게 된다. 합리적 정당함이 내 쪽에 있다 해도, 그 한 번의 표현 실수로 큰 비난을 뒤집어쓰기도 한다.

고객으로부터 부당하고 억울한 처우를 받게 되었을 때, 정면으로 부딪히는 것보다 감정 표현을 우회적으로 어필해야 한다. 예를 들면 싸증스런 표정을 금하고 대신 슬픔, 안타까움 등의 표정을 지어 감정을 발산하는 것이다. 블랙 컨슈머도 사람이기에 적절하게만 표현해준다면 "어? 이거 내가 너무 심하게 한 건가?" 하고 심리적 자가 검증을 하게 만들 수 있다.

이 이야기는 고객이 자책감을 가지도록 쇼를 하라는 얘기가 아니다. 오히려 짜증보다 더 진솔한 우리 마음속의 슬픔과 괴로움을 전달하자는 것이다. 불에는 물로 대처하는 것이 대자연의 법칙이다.

블랙 컨슈머 대처법 ②
다른 고객에게 피해를 주고 있다고 말한다

얼핏 치사한 심리 속임수 같지만, 사실은 아니다. 한 명의 특정 고객이 직원의 시간을 다 빼앗아가 버린다면 어쩔 수 없이 다른 고객에 대한 서비스의 양과 질은 떨어질 수밖에 없다. 어떠한 경우건 블랙 컨슈머가 등장하면 직원뿐만 아니라 다른 선량한 일반 고객에게까지 반드시 피해가 가게 되는 것이다. 이는 명백한 사실일 뿐 속임수가 아니다.

예를 들어보자. 매표소에 길게 줄이 늘어서 있는데 격렬하게 항의하는 블랙 컨슈머가 있다고 치면 (항의한다고 다 블랙 컨슈머라는 얘기가 아니다. 오해 없기를.) 슬쩍 이렇게 한 마디 해주면 크게 효과가 있을 것이다. "뒤에 다른 손님이 너무 오래 기다리고 계셔서……."

말하자면 이런 원리를 업종 스타일에 따라 적당히 응용해보자. 웬만해선 다른 선량한 사람에게까지 피해를 주고 있다는 사실을 자각하면서까지 나쁜 행동을 지속할 사람은 많지 않다.

블랙 컨슈머 대처법 ③

종업원 역시 '인간'이라는 사실을 느끼게 해줄 것

사실 고객들도 다 알고 있다. 서비스 직원도 나와 같은 사람이라는 것을. 다만 머리로만 알고 있는 것과 몸으로 느끼는 것에는 큰 차이가 있기에 감당키 어려운 블랙 컨슈머가 나타나곤 하는 것이다. 그들에게는 그들이 원래 머리로 알고 있었던 사실을 재삼 몸으로 체감하게 해주는 작업이 필요하다. **'직원도 나와 같은 인간이다!'** 라는 점을.

이를 위한 적절한 언어적 표현과 제스처가 필요한데, 물론 작위적이어서는 안 된다. 예를 들면 나 같은 경우는 고객 응대를 하다가 너무 힘에 부칠 때면 목이 잠기는 목소리로 대답한 적도 있었는데, 말하자면 그런 것이다. (이런 것을 가증스런 쇼맨십이라고 욕하는 것은 적절치 않다. 내가 한 것은 연기가 아니라 감정의 커뮤니케이션이었다. 나의 감정을 표현해줌으로써, 나 역시도 사람이라는 명확한 사실을 고객과 공유하려 했던 것뿐이다. 그것은 절대 고객에게도 손해가 가는 일은 아니었다.)

예나 지금이나 기계 같은 매너 교육과 트레이닝이 위세를 떨치고 있지만 직원도 한 명의 인간으로 보이게끔 하는 방법은 철저히 도외시되고 있다. 인간적인 모습을 보이면서도 얼마든지 최고의 만족을 이끌어 낼 수도 있는데 말이다. 이쩌민 인간을 기계로 만드는 3류 CS 교육이 블랙 컨슈머, 진상을 양산해 내고 있는지도 모를 일이다.

잘못된 CS 교육은 이래저래 사회악이다.

블랙 컨슈머 대처법 ④

다른 고객에 비해 대단한 특별대우를 해주고 있다고 표현한다

인간은 누구나 자신이 특별하다고 믿고 있고, 남들이 자신을 특별하게 대우해주기를 원한다. 특히 내 옆 사람에 비해 나를 더 특별하게 대접해주면 만족도가 급상승하게 된다.

그러나 이러한 인간 심리를 이용하고 말고 할 것도 없이 실제 대부분의 블랙 컨슈머들은 기업과 직원들에게 정말로 특별한 대우를 받게 된다. 아무리 괴로워도 쉽게 해결되지 않는 고객이기에 블랙 컨슈머가 아닌가. 이미 그들에게 들어가는 시간과 노력만으로도 충분히 특별한 것이 바로 블랙 컨슈머이다. 그냥 이런 진실을 적절하게 표현해주자는 것이 나의 요지다.

단, 앞에서도 말했지만 아무 고객에게나 이런 표현을 하는 것은 대단한 결례가 될 수 있다. 이 장의 전반부에 언급했던 '블랙 컨슈머의 요건'을 갖춘 리얼 블랙 컨슈머에게만 사용하도록 하자.

블랙 컨슈머 대처법 ⑤

사무적 언어보다 인간적인 언어를 많이 쓰자

예민해진 고객에게라면 기계적인 미소와 표정은 더 이상 **약발이 먹히지 않는다**. 반면 사람의 화를 풀게 만드는 데는 역시 인위적이지 않은 인간적 모습만한 것이 없는 법. 논리적 설득이 도저히 안 된다 싶은 벽에 부딪혔을 때는, 최대한 사무적인 언어보다 인간적 감성에 호소하는 언어를 써서 문제를 풀어보자. 특히 전화 응대를 할 경우라면, 사무적 단어를 많이 쓰면 쓸수록 서로간의 커뮤니케이션 감정이 말라붙어 간다. 어차피 고객은 맞서 싸워야 하는 존재가 아닌 만큼, 감성적 언어를 발사하면서 어려움을 이겨나가 보자.

예민한 감수성을 가진 사람만이 깊은 서비스를 구현할 수 있다

3류 CS 교육들은 자신의 감정 표출을 최대한 억누르고 직원들에게 기계가 되라고 강요하지만, 감수성이 예민한 것 그리고 그것을 적절히 표현해주는 것은 절대 불리하기만한 성격이 아니다. 우리나라는 오래전부터 힘들어도 꾹 참고, 슬퍼도 웃고, 여하튼 감정 표현을 억누르거나 오히려 정반대로 표현하는 것을 미덕으로 삼아 왔는데, 뭐든 그렇지만 솔직성의 부족은 커뮤니케이션의 왜곡을 불러온다. 오히려 우리에게 정녕 필요한 것은, 타인에게 큰 피해가 가지 않는 범위 내에서의 솔직함이 아닐는지…… 타인의 솔직함을 받아들여줄만한 도량이 없는 이들이 감정의 자제를 강요해대기 마련이다.

기본적으로 감수성이 없는 인간은 훌륭한 서비스맨이 될 수 없다. 빨리 때려치우고 다른 일을 하는 게 좋다. 인간의 기쁨과 고통, 슬픔과 행복을 민감하게 파악하는 것이 깊이 있는 서비스의 본질이기 때문이다.

서비스를 하다 보면 블랙 컨슈머가 횡행하는 등 수많은 어려운 상황을 만하게 되지만, 대부분의 3류 강사들은 그런 상황에 대해

정신적 회피법만 강요하고 있다. 그러나 나는 오히려 감수성을 더 민감하게 발휘하여, 정면으로 맞부딪혀 해결하는 방법도 있다고 느껴왔다.

온갖 인간의 부정적 감정을 회피하지 말고, 그것을 적절히 이용하여 힘든 상황을 타개하는 방법을 찾는 것. 앞에서 내가 언급한 방법 이외에도 더 좋은 방법을 가진 숨은 서비스 고수들이 많음을 안다. 우리 모두는 생존을 위해 스스로 인간의 감성에 대한 해결책을 만들어 나가야 한다. 회피하고 잊어버리는 것은 한계가 있고, 그건 스트레스 해소가 아니라 스트레스 유보일 뿐이다. 신이 빚은 복서 훌리오 세자르 차베스는 "링에서 도망갈 순 있어도 숨을 수는 없다."라는 말을 했는데, 서비스의 링도 마찬가지일 것이다.

어차피 3류 CS 강사들은 절대 해답을 알려주지 못한다. 내 인생의 링에서 직접 뛰는 나 자신이 스스로 답을 찾아나가는 수밖에 없다.

제4장

약간의
여담

기여도는 어느 정도
적절히 평가되고 있는가?

역사에 기록되지 못한 무명용사의 긍지를 그 누가 알까?

가끔 대하 전쟁 소설을 보면 만날 수 있는 문구인데, 비록 전쟁 용사까진 아니지만 오늘날 대한민국 비즈니스에도 수많은 무명용 사들이 활약하고 있을 것이다. 그러나 영광은 언제나 지위의 높낮이에 따라 돌아가기 마련. 영광이 지위와 연결되는지, 아니면 실질적인 기여도와 직결되는지……. 이에 대한 모순이 적은 곳이야말로 가장 이상적이고 최고의 발전 가능성을 가진 조직일 것이다.

물론 나의 이 말에 대해 "최고 의사 결정자의 공로가 가장 중요한 것 아니냐? 당연한 걸 가지고 뭘 태클이냐?"라고 반박할 사람도 분명히 있을 것이고, 그런 사람들과 내가 토론을 한다면 가치 논쟁이 될 것이다. 당연히 결론은 쉽게 나지 않는다. 그저 서로가 옳다고 믿는 가치를 따르며 사는 수밖에는 없다.

한 직원의 행동이 불러오는 엄청나고 지속적인 효과

아쉽게도 지금 한국 사회의 문화는 일선 서비스 직원들의 노고를 높이 인정해주지 않고 있다. 솔직하게 냉정히 말해서, 응대 직원들이 받고 있는 낮은 처우만 봐도 그 사실을 잘 알 수 있다. 말로는 허구한 날 고객 만족을 외치면서도 정작 최일선 서비스 직원들을 폄하하는 이 왜곡된 현실.

응대 직원들의 노고에 대한 인정, 처우에는 별 관심을 두지 않으면서 오히려 이것저것 요구하는 것만 많은 것이 대부분 기업의 현주소다. 그리고 그런 한심한 작태의 최전방에는 3류 CS 교육이 있다.

고객들에게는 하인 취급을 당하고 회사 안에서도 노고를 인정받지 못하는 서비스 직원들은 전쟁으로 치면 지휘관의 명령에 따라 일선에서 싸우는 무명 병사다. 전쟁 승리의 공이 칼 한번 뽑지 않는 지휘관에게 넘어가는 것처럼, 이 나라 어느 누구도 일선 서비스 직원들의 공훈은 높게 쳐주지 않는다. 반면 사내 정치로 출세한 고위 관리자들에 대한 칭송은 무지하게 넘쳐난다.

그러나 실제 서비스업에서 고객들을 끌어당기는 가장 강력한 자기력은 누가 뭐래도 일선 직원 한명 한명의 퍼포먼스. 단 한 명의 직원이 수십 년 단골 고객을 만들기도 하고, 수백 명에게 영향을 끼치는 추천 고객을 생성하기도 한다. 고위 관리자들은 늘 스스로의 탁월한 경영적 판단이 대성공을 불러왔다고 자랑하기 바쁘지만, 과연 한 직원의 애절한 노력을 주목해주는 이는 누구인가?

앞에서 나는 어느 소프트웨어 업체를 기억하게 된 경위를 이야기하였다. 많은 시간을 아깝다 생각지 않고 나의 불편을 해결하기 위해 노력해준 프로그래머 때문에 나는 그 업체를 마음에 담아두게 되었다. 이건 나만의 특별 케이스가 아니다. 대부분의 사람들은 이와 유사한 경험을 한두 가지쯤 가지고 있다. 그런 경험을 한 사람이 바로 충성고객이 되는 것이다. 반대로 한 서비스 직원의 어이없는 실수가 엄청난 풍파를 몰고 올 수도 있다. 고객 몇 명 떨어져 나가는 것 정도가 아니라, 기업 자체를 휘청거리게 만들 수도 있다.

비즈니스란 고객을 상대하는 일. 비즈니스에서 가장 중요한 것은 고객이다. 그런데 고객에의 영향력이 과연 지위의 높낮이에 비례하는 것일까? 아니, 나는 그렇게 생각하지 않는다.

어느 언론도, 어떤 상사도, 어느 누구도 몰라준다 해도 우리끼리는 알 수 있을 것이다. 최전방 서비스 직원들의 노고가 기업을 떠받치고 있다는 것을 말이다. 그러기에 우리는 자긍심을 가져도 충분하다. 지금 당신이 일하는 가게, 일하는 점포, 일하는 기업을 떠받치고 있는 것은 당신이다.

아무도 알아주지 않지만 우리끼리는 안다.

잘못된 추종
그리고 스트레스

여하한 경우든 서비스는 필연적으로 서빈트로서의 자괴감을 불러온다. 아무리 철통같은 마인드를 가지고 있어도 괴로운 마음에 빠질 때가 오게 된다. 그리고 그런 경험이 누적되면 프라이드에 상처가 난다.

일을 통해 자신의 프라이드를 구현해 나가는 것이 올바른 인생이겠지만, 대부분 우리의 인생은 그 반대로 되어가고 있다. 생존에 대한 압박감 속에서 적성과 희망이라는 단어는 쓰레기통에 쑤셔 넣어버리고 살아간다. 대부분 직장인들에게 일이란 끝없이 자존심을 다치고, 인격이 깎이고, 자신의 가치를 폄하당하는 과정의 일부일 뿐이다. 서비스 업무는 더더욱 그런 성격이 강하다.

우리 스스로 만드는 고통의 낭비를 없애기 위한 지혜

고학력 무식쟁이들이 있다. 초고학벌에, 석박사 학위를 휘감고 있어도 무식한 사람들이 분명히 존재한다. 특히 서비스에 있어서 그들이 고객만족이라는 미명하에 만들어 낸 수많은 고통은 학력, 재력, 권력, 한심스런 교과서 이론들을 등에 업고 끝없이 정당화되고 있다.

진정한 학자도 못되는 주제에 비즈니스 현장에서 횡행하는 어설픈 이론쟁이들은, 세상과 인간을 있는 그대로 보지 않는다. 그보다 오히려 자기가 막대한 돈을 들여 배운 이론의 틀에 세상과 인간을 끼워 맞추려고 한다. 학자와 이론쟁이의 차이가 바로 그것이다.

그들은 나의 고민, 나의 어려운 사정도 자기네들의 틀에 맞춰 멋대로 재단해버린다. 그런 사람들에게 더 이상 무엇을 기대하는가? 자기들만의 틀에 도취해 살아가는 이론쟁이도 한심하지만, 그런 이론쟁이들을 추앙하는 사람들은 더 큰 바보다. 둘 중 어느 부류에도 속해서는 안 될 것이다.

쓸데없이 쥐어짜는 고통의 기름을 통해서라면 결코 최고의 성과는 달성되지 않는다고 생각한다. 고통의 낭비를 줄이는 일은 너무나 중요한 것이지만, 어차피 이론쟁이들과 관리자들은 근본적으로 그쪽엔 관심이 없다. 따라서 고통의 낭비를 줄이기 위한 지혜는 스스로 만드는 수밖에 없다.

진정으로 스트레스를 없애는 방법

고통이나 스트레스. 서비스 강의는 당연히 서비스 직원들을 대상으로 하므로 스트레스 해소를 주제로도 제법 이뤄진다. 많은 한심스런 서비스 강의가 있지만, 특히 이 부분에 있어서 그 한심함이 극에 치닫는 경우가 많다.

서비스 직원들이 스트레스로 인해 겪는 심신의 질환은 심각하지만, 그 심각성에 대해 서비스 강사들이 이야기하는 해법이란 것이 고작, "세상을 긍정적으로 바라보고 고객을 진정으로 이해하면 스트레스가 다 사라진답니다. 여러분, 자신을 사랑하세요~" 정도 수

준이다. 무엇보다, 타인의 스트레스에 대해 쉽게 이야기하는 사람
치고 제대로 된 인간은 없는 법이다.

우리는 주변에서 스트레스 때문에 극단적인 선택을 하는 사람을
흔히 목격하게 된다. 인터넷, 뉴스 등을 보면 성적을 비관해 자살하
는 학생, 여자에게 채여서 난동을 부리는 젊은이, 해고당한 후 극단
적인 범죄를 저지르는 실업자 등등. 세상 사람들은 단지 모든 원인
은 그들이 나약하고 무능해서일 거라고 쉽게 단정한다. 그러나 흔
히 자살하면 천벌 받는다는 얘기가 있는데, 나는 타인의 고통을 폄
하하는 인간이야말로 더 큰 천벌을 받을 것 같다는 생각이 든다.

과연 긍정적 사고로 스트레스가 근본적으로 치유될 수 있을 것
인가. 우리가 생각하는 것만큼 우리의 마음, 잠재의식은 호락호락
하지 않다. "긍정적인 마음을 가지세요. 당신 자신을 사랑하세요,
다 잘될 거예요."라는 말로 모든 괴로움이 없어진다면 이 세상에 마
음 아프게 살아갈 사람이 어디 있으리. 똑똑한 잠재의식에게 어설
픈 자기기만을 시도하면 오히려 역효과만 날 뿐이다. 우리가 모르
는 진실은 오히려 우리의 잠재의식을 거의 꿰뚫고 있는 경우가 많
다. 차라리 현실을 순순히 인정하고 잠재의식에게 화해의 손길을
내미는 편이 더 빠른 치유를 가능케 하는 길이다.

새로운 길, 방법 없는 희망은 수명이 길지 않다

스트레스는 당연히 고통스럽고 아픈 경험을 통해 발생한다. 회피
적인 사고가 긍정적인 사고라는 이름으로 버젓이 둔갑하여 수많은
저질 카운슬링을 양산하고 있지만, 사실 아픔을 극복하기 위한 유

일한 방법은 새로운 길을 찾아내는 것 밖에는 없다.

수능시험 성적을 비관해 자살하려는 학생에게 학벌이 없어도 얼마든지 존경받을 수 있는 길을 찾게 해주면 자살을 막을 수 있을 것이다.

애인에게 채여 인질극을 벌이는 남자에게, 여자에게 물먹어도 얼마든지 황홀하고 아름다운 인생을 살 수 있는 방법을 찾게 해주면 난동을 막을 수 있을 것이다.

상사와 고객의 괴롭힘으로 우울증을 겪는 사람은, 인간의 감정과 조직의 부조리를 뛰어넘을 수 있는 방법을 찾으면 삶에 대한 의욕을 찾을 수 있다.

요컨대 중요한 건 새로운 길을 만들어 낼 수 있는 '방법'이다. **방법 없이 강요되는 희망**은 결코 수명이 길지 않다. 물론 그 방법을 찾는 게 어려우니까 긍정이라는 탈을 쓴 도피형 스트레스 해소만이 봇물을 이루는 것이긴 한데, 그건 아무리 좋게 말해도 스트레스 유보에 불과하다. 아픔 속에서 아픔보다 더 소중한 가치를 찾아내고, 그를 통해 새로운 길을 만들어 때만이 비로소 스트레스는 완전히 존재를 감춘다.

새로운 항로로 나아가지 않는 한 스트레스는 계속 재발될 것이다. 그것은 누구도 대신해줄 수 없는 일이지만, 사이비 유머 강사나 3류 CS 교육자, 거들먹거리는 카운슬러들은 건방지게도 타인의 상처를 **치료하겠답시고** 달려든다. 그러니까 그들을 상대해선 안 되는 거다.

맺음말

어떤 사안을 바라볼 때 갖는 '맞다-틀리다'의 프레임과 '받아들이다-배척하다'의 프레임은 근본적으로 다른 것인데, 그 둘을 구분하지 못하는 것이 이론쟁이들의 한계다. 혹 이 책에서 내가 한 얘기에 대해 학술적으로 증명해보라는 말을 하는 사람이 있다면 그냥 솔직하게 얘기하는 게 좋다. 학자간의 대화가 아닌 다음에야 증명해보라고 논박하는 것은 그냥 '난 너의 이야기를 받아들일 생각이 없어.'라는 속뜻의 표현이다.

세상 모든 일을 학문 하듯이 한다면 한 발짝 앞으로 나가는 데도 하염없는 세월이 흐를 것이다. 실생활에 적용하는 방법과 이론을 구축하는 방법은 엄연히 달라야 하는데 멍청한 이론쟁이들일수록 아무데서나 이론에서의 방법을 쓰려 한다. 원래 학문이란 우주의 극히 작은 일부를 떼어다가 그 틀 안에서만 이론을 정립해가는 것이다. 그러나 한심한 이론쟁이들의 뇌는 정반대로 세상을 인식한다. 진정한 학자는 학문의 효용성과 한계를 명확히 인식하고 있는 법. 이 우주에 비하면 인간이 만들어 낸 이론 따위야 너무나 작은 것이라는 걸 인정하는 사람이 학자다.

어차피 받아들일 사람은 받아들이고, 안 받아들일 사람은 천 번을 얘기해도 거부하는 법이니……. 난 모두를 설득하려 는 생각이 애초에 없었다.

동기라 한다면……

아주 어릴 적 내가 구매라는 것을 시작하고 고객이 된 이후로, 내가 보아온 <기업-직원-고객> 간의 관계는 화려함 이면에 수많은 슬픔과 안타까움이 존재하고 있었다.

나는 그런 류의 안타까움을 절대 놓치지 말고 새로움의 동력으로 삼아야 한다고 생각한다. "세상이 다 그런 거지……"라는 말만 하다가는 정말로 그런 세상밖에 경험하지 못하게 된다. "인생이 다 그렇지 뭐……"라는 말만 하다가는 평생 그런 인생만 살게 된다.

마지막으로 양해를 구하자면, 활자 매체의 지겨움을 극복하기 위해 사이사이 내 나름의 조크를 섞어놓았다. 조크는 그냥 조크로 이해해주었으면 한다.

어느 정도의 사람들이 이 책을 볼지도 알 수 없고, 책을 든 사람들이 과연 맨 마지막 페이지인 여기까지 얼마나 당도해 줄지도 의문입니다. 그렇지만 어차피 이 세상에 존재하는 책의 90% 이상은 주인에게 끝까지 읽히지가 않으니, 제 책이 그런 대우를 받는다 해도 전혀 아쉬울 것이 없네요.

수많은 인연의 고비를 넘어 지금 이 종이를 보고 계신 분께는 앞으로 다른 주제의 책도 많이 쓸 의지이니 지켜봐주시면 감사하겠다는 말씀을 드리고 싶습니다. 책에 대한 의견은 언제라도 replacebo@daum.net로 보내주시면, 소중하게 참고하도록 하겠습니다.

여기까지 읽어주셔서 정말 감사드립니다.